폴리스 트렌드 2020

노성훈 ★ 정진성 ★ 이봉한 ★ 정대용 ★ 김중곤
박선영 ★ 임형진 ★ 강 욱 ★ 김영식 ★ 김문귀

Police
trend

박영사

본 저서는 경찰대학 폴리스트렌드 연구원과
청람연구회가 공동으로 기획하였음

머 리 말

　오늘날 '폴리스'는 주로 범죄를 예방하고 범죄자를 검거하여 수사하는 임무를 수행하는 공무원들의 조직체 정도로 여겨진다. 그러나 19세기까지만 해도 police는 도시행정 자체, 그 중에서도 공공질서와 관련된 행정작용을 일컫는 말이었다. 또한 police가 동사로 사용될 때는 '질서를 유지하다'라는 의미를 담고 있었다. 질서가 유지된 상태는 사회적 존재로서의 인간이 살아가는데 가장 기본적인 조건이 된다. 혼돈되고 무질서한 상태에서 인간은 자신의 안전을 항상 위협받을 수밖에 없기 때문이다. 토마스 홉스가 그의 저서 「리바이어던」에서 묘사한 것처럼 그러한 상태에서 인간의 삶은 '외롭고, 비참하고, 잔인하고, 거칠고, 짧다.'

　21세기에 들어선 지 어언 20년이 지난 지금, 안전은 한국 사회의 중요한 화두이다. 그 중에서도 범죄의 공포로부터 안전한 삶을 요구하는 시민들의 목소리가 끊이지 않고 있다. 그런데 사실 다른 나라들과 비교할 때 우리나라의 범죄율은 상당히 낮은 수준을 유지하고 있다. 범죄유형에 따라 차이가 있지만 전체적으로 보면 지난 10여 년 간 범죄율에 큰 변동이 발견되지도 않는다. 그렇다면 왜 한국 사회는 범죄로부터의 안전에 이토록 관심이 높을까? 해답은 바로 우리 사회가 겪고 있는 두 가지 변화 속에 있다.

첫째, 침해영역에 대한 인식의 확장이다. 과거에는 범죄로 여겨지지 않거나 사소하게 다루어졌던 침해행위가 오늘날에는 중요하게 다루어진다. 예를 들어, 예전에는 과도한 애정표현 쯤으로 치부되었고 그래서 피해자들이 그냥 참아 넘겨야 했던 행위들이 오늘날에는 중대한 성범죄로 인식되고 있다. 퇴근 후 회식자리를 강요하는 직장상사는 직장 내 괴롭힘의 가해자로 여겨질 수 있다. 이러한 현상은 전반적으로 인권의식이 높아지면서 생겨난 긍정적인 변화이다. 또한 피해자 권리가 중요시되면서 침해행위에 대한 관점이 상당 부분 변화했기 때문이기도 하다.

둘째, 예측불가능성의 증가이다. 인공지능, 빅데이터 등으로 대표되는 4차 산업혁명의 전개는 전혀 새로운 양상으로 우리의 안전을 위협하고 있다. 예를 들어, 최근 딥페이크 기술을 활용하여 유명인들의 얼굴을 합성한 영상이 온라인상에 유포되면서 큰 관심을 불러일으켰다. 이러한 신종 사이버범죄의 출현으로 인해 진짜와 가짜, 진실과 허위 간의 경계가 무너져 버리고 나면 우리 미래는 온통 혼돈 속에 빠질지도 모른다고 사람들은 불안해한다.

과연 우리는 급속히 변화하는 세상 속에서 안전이라는 가치를 잘 지켜낼 수 있을까?

'폴리스트렌드 2020'은 우리사회의 안전에 관한 최신 이슈를 분석하고 앞으로의 변화 추세를 예측하고자 기획되었다. 구체적으로는 범죄현상과 우리 사회의 대응에 관한 친절하고 균형잡힌 해설서를 제공하는 데 목적을 두고 있다. 이를 위해 집필에 있어서 세 가지 원칙을 지키려고 노력했다. 첫째, 일반 대중의 접근성을 높이기 위해 가급적 학술적 화법은 피하고자 했다. 둘째, 실무자 수준의 피상적이고 단편적인 논의로 흐르지 않도록 주의했다. 셋째, 지나치게 호기심을 자극하는 방식으로 범죄현상을 다루는 미디어상업주의를 극복하고자 했다. 이번 창간호는 10명의 학계 및 현장 전문가들이 들려주는 다양한 이야기들을 담았다. 책의 전반부는 외국인범죄, 성범죄, 마약범죄, 사이버도박, 사이버혐오 등 범죄현상에 대한 다섯 가지 주제를 다루고 있다. 후반부는 여성경찰, 민간조사, 치안드론, 스마트 폴리싱, 회복적 경찰활동 등 범죄대응에 대한 다섯 가지 최신 이슈를 소개하고 있다.

이번 출판을 통해 범죄현상에 관한 안전담론이 우리 사회에 잘 뿌리내리기를 희망한다. 궁극적으로는 위험의 공포로부터 보다 안전한 한국사회가 되는데 기여할 수 있기를 바란다. 그리하여 누구나 인간으로서의 존엄성을 존중받으며 스스로의 잠재적 역량을 자유롭게 펼칠 수 있는 그런 사회를 꿈꿔본다.

2019년 12월
저자들을 대신하여 노성훈 씀

차 례

대박, 쪽박 그리고 사이버도박

정대용

사이버공간 속 나와 다른 그들: 사이버혐오의 메커니즘

김중곤

대림동 여경은 비난받아 마땅한가?

박선영

공적 수사의 한계를 뛰어넘다: 탐정(민간조사) 산업의 성장

임형진

드론, 축복인가, 재앙인가?

강 욱

경찰 21세기 원유를 시추하다

김영식

회복적 경찰활동: 피해와 관계의 회복을 통한 건강한 공동체 구현

김문귀

예멘인이 몰려온다

예멘인이 몰려온다

2018년 봄, 갑자기 온 국민의 시선이 제주도로 쏠렸다. 예멘에서 온 수백 명의 사람들이 난민신청을 했다는 소식에 다들 어리둥절해했다. 예멘이라는 나라 자체가 낯선데다가 난민이라는 용어도 익숙하지 않기는 마찬가지였다. 나중에 밝혀진 바에 의하면 내전을 피해 말레이시아로 건너갔던 예멘 난민들이 내전이 장기화되고 체류기간이 만료되자 무비자로 입국이 가능한 제주도를 다음 목적지로 선택한 것이었다. 머지않아 예멘 난민들이 제주도를 경유해서 내륙까지 들어올 거라는 소식이 일파만파 퍼져갔다. 낯선 이방인에 대한 놀라움은 정서적 거부감을 자극했고 순식간에 공포심으로 돌변했다. 곳곳에서 예멘인들의 입국을 반대하는 크고 작은 시위가 이어졌다. 난민입국을 반대하는 국민청원에 수십만 명의 사람들이 동참했다. 온라인에는 온갖 확인되지 않은 억측과 주장이 난무했고 이중 일부는 언론사에 의해 기사화되기도 했다. 가짜 난민이 섞여 있다는 주장, 난민들이 한국 정부로부터 생계비를 지원받고 있다는 주장, 테러리스트들이 난민제도를 통해 침투할 것이라는 주장이 제기되었다.

무엇보다도 예멘 난민이 입국한 후 한 달 동안 제주도에서 6명의 여성이 실종되었다는 확인되지 않은 이야기까지 돌기 시작하면서 사람들의 공포심을 더욱 커졌다. 물론 나중에 난민과는 전혀 무관하게 발생한 변사사건으로 밝혀졌다. 그럼에도 불구하고 예멘이 무슬림 국가라는 이유 때문에 우리나라에서도 성범죄가 급증할 것이라는 우려가 팽배해졌다. 아랍 문화권에 만연한 여성차별, 여성할례와 같은 인권유린, '타하루시'라는 성폭행 놀이에 대한 비난의 글들이 온라인 게시판에 등장했다. 예멘 난민 사건은 전국적으로 거의 제노포비아 수준의 반응을 일으킨 후 서서히 안정되어 갔다. 하지만 이번 사건은 외국인에 대한 우리나라 사람들의 심리적 거리와 정서적 거부감을 확인할 수 있는 계기를 제공했다. 그 중에서도 사람들 마음속 깊이 똬리 틀고 있는 외국인 범죄에 대한 공포심이 여과 없이 드러난 사건이었다.

사실 외국인 범죄를 둘러싼 논란은 어제 오늘 일이 아니다. 우리나라에 유입되는 외국인의 수가 급증하는 추세에 발맞추어 이들이 저지르는 전체 범죄의 규모도 함께 증가해 왔다. 근래에는 심심치 않게 외국인 노동자들이 저지른 강력범죄에 대한 소식을 언론보도를 통해 접하게 된다. 2012년 수원시에서 발생한 토막살인 사건은 여전히 많은 사람들에게 잊히지 않는 공포의 기억으로 남아있다. 범인 오원춘은 당시 40대의 조선족으로 집근처에서 피해여성을 납치해 자신의 집에서 성폭행하고 살해한 뒤 시신을 훼손하였다. 극도로 잔인하고 대담한 범행수법에 수많은 사람들이 경악했다. 이 사건으로 인해 외국인, 특히 조선족의 이미지가 크게 손상을 입었다. 이후 외국인에 의한 강력사건이 발생할 때마다 사람들은 자연스럽게 오원춘의 얼굴을 떠올리게 되었다.

예멘 난민 사건에서 드러난 외국인 범죄에 대한 두려움이 어쩌면 오원춘 사건처럼 우리들의 기억을 지배하는 몇몇 잔혹한 외국인 범죄사건에 뿌리를 두고 있는 것은 아닐까? 여기에 불법체류자를 비롯하여 국내에 체류하는 외국인이 급증하고 있는 추세가 복합적으로 작용하여 우리들의 공포심을 더욱 자극하고 있는 것은 아닐까? 아니면 실제로 외국인들이 늘어나서 우리나라가 더 위험한 사회가 되어가고 있는 것일까? 우선 몇 년 전 북아프리카와 아랍국가의 난민을 대거 받아들인 독일에서 무슨 일이 일어났는지부터 살펴보고 우리나라의 외국인 범죄 현황을 살펴보도록 하자.

외국인이 증가하면 범죄도 증가할까?

　　2018년 6월 미국의 트럼프 대통령은 트위터를 통해 독일 메르켈 총리의 난민정책을 비판한 적이 있다. 마구잡이로 난민을 받아들인 탓에 독일에 범죄가 급증하고 있다는 것이었다. 그러면서 미국은 이러한 독일의 잘못을 타산지석으로 삼아 이민자 유입을 제한해야한다는 주장을 펼쳤다. 독일 정부는 트럼프 대통령의 비판에 즉각적으로 불쾌감을 드러내면서 공식범죄통계를 근거로 그의 주장을 반박했다. 독일의 최근 범죄율은 지난 30년과 비교할 때 가장 낮은 수준을 유지하고 있다고 주장했다. 또한 불법이민자를 포함한 외국인들의 범죄율도 전년도와 비교해 23%나 감소했음을 나타내는 통계치를 제시했다.[1] 독일은 2015년부터 메르켈 총리의 개방정책에 따라 아프가니스탄, 이라크, 시리아 등지로부터 약 백만 명 이상의 이민자와 난민을 대거 받아들였다. 그런데 독일 내부로부터도 메르켈 총리의 이러한 조치에 대해 비판하는 목소리가 작지 않았다. 특히 난민신청자들이 독일 내에서 저지른 범죄들로 인해 메르켈 총리의 친난민정책은 지속적으로 도전을 받아왔다. 특히 2015년 한해의 마지막 날 쾰른을 비롯한 몇몇 도시에서 난민 출신 청년들이 저지른 성폭력 사태로 인해 친난민정책은 시작부터 도마 위에 오르기도 했다. 그 이후에도 독일에서는 난민과 외국이민자들에 의한 강력범죄가 반복되면서 독일국민들 사이에 반난민 정서가 확산되었다.

　　그렇다면 통계적으로 이민자와 난민이 저지르는 범죄는 어느 정도 수준일까? 공식범죄통계를 기준으로 보면 최근 몇 년간 독일의 전체 범죄율은 감소하거나 유지되는 추세이다. 그런데 난민과 불법이민자들의 범죄율은 일반 독일국민에 비해 상대적으로 높다. 2017년 기준 난민과 불법이민자가 전체 인구에서 차지하는 비율이 2%에 불과하지만 이들이 저지르는 범죄는 전체 범죄의 8.5%를 차지했다. 특히 살인과 강간은 각각, 10%, 12%를 차지했다.[2] 그렇다면 이러한 분석결과로 난민과 불법이민자가 독일인에 비해 범죄위험성이

[표 1] 독일에서 난민과 이민자가 저지른 최근의 주요 범죄

연도	사건개요
2016년	프라이부르크 시에서 프라이부르크 대학 의대생이 난민 출산 남성에 의해 강간당한 후 살해됨
2017년	칸델이라는 소도시에서 15세 소녀가 사귀던 동갑내기 아프가니스탄 출신 난민신청자에게 헤어지자고 요구하다 살해됨
2018년	14세 소녀가 이라크 출신 난민신청자에게 강간당한 후 살해됨
2017년	북아프리카 에리트레아 태생 남성이 프랑크푸르트 기차역에서 플랫폼에 서 있는 소년과 엄마를 고속열차 앞으로 밀어뜨려 소년이 즉사함

더 높은 사람들이라고 말해도 괜찮은 걸까? 반드시 그렇지는 않다는 것이 독일 범죄학자들의 견해이다. 먼저 독일에 입국한 난민신청자들의 상당수가 젊은 남자들이라는 점이 고려되어야 한다. 2015년 독일에 입국한 난민신청자의 27%가 16~30세 남성이었다. 일반적으로 남성은 여성보다, 젊은 층은 다른 연령대보다 더 자주 그리고 더 심각한 폭력범죄를 저지른다. 예를 들어, 2014년 독일에서는 전체 인구의 9%에 불과한 14~30세 남성이 전체 폭력범죄의 거의 절반가량을 저질렀다. 그렇기 때문에 인구통계학적 특성을 고려하지 않은 채 '일반국민 vs. 난민'의 도식에 의해 범죄위험성을 비교해서는 안 된다는 것이다.

또한 난민신청자들이 처해 있는 상황의 특수성을 고려해야 한다는 견해도 있다. 대부분의 난민신청자들은 난민캠프의 열악한 환경 속에서 정상적인 사회로부터 고립된 채 살아가고 있다. 극심한 빈곤, 상대적 박탈감, 미래에 대한 불확실성 등은 이들을 힘들게 만드는 주요 요인들이다. 특히 난민으로 인정될 가능성이 적은 사람일수록 본국으로 강제출국 되리라는 절망감이 폭력적 행동으로 표출되는 경우가 많다. 한마디로 심리적으로나 환경적으로 범죄의 유혹에 쉽게 빠질 수밖에 없는 상황에 놓여 있는 셈이다. 그렇기 때문에 난민들의 범죄를 일반적이고 정상적인 상황 속에서 저질러지는 범죄와 일직선상에 놓고 비교하는 것은 무리라고 할 수 있다.

그렇다면 우리나라의 사정은 어떨까? 통계청 자료에 따르면 2018년 국

내 체류외국인은 대략 236만 명이다. 여기에 35만 명의 불법체류자까지 더하면 약 270만 명이 된다. 2008년에 체류외국인과 불법체류자가 약 136만 명 정도였던 것을 생각하면 10년 사이에 두 배로 늘어난 셈이다. 외국인 범죄에 대한 내국인들의 우려는 국내 체류외국인의 양적 증가와도 무관하지 않다. 실제로 외국인의 증가에 따라 외국인이 저지르는 범죄의 규모 또한 지속적으로 증가해 온 것이 사실이다. 경찰청 범죄통계자료에 의하면 외국인범죄건수가 2008년 20,623건에서 2018년 34,832건으로 10년 동안 약 1.5배 증가했다. 그렇다면 이러한 범죄통계를 근거로 외국인범죄의 문제가 갈수록 심각해져 가고 있다고 단정할 수 있을까?

결론부터 말하자면 그렇게 보는 것은 무리다. 일차적으로 외국인범죄의 발생건수가 증가하고 있는 것은 국내에 체류하는 외국인 수가 증가한데 원인이 있기 때문이다. 따라서 현상을 보다 정확하게 분석하려면 외국인범죄 발생건수가 아니라 외국인범죄율(외국인 10만 명당 범죄발생건수)의 추세를 봐야 한다. 그런데 단순히 외국인범죄율과 내국인범죄율을 비교하는 방식에도 한 가지 중요한 문제점이 있다. 독일의 이민자와 난민 범죄통계에서 살펴봤듯이 국내에 체류하는 외국인의 성별과 연령대 비율이 내국인들과 크게 다르다. 특히 폭력범죄는 젊은 성인남성이 상대적으로 많이 저지르기 때문에 외국인과 내국인 간의 인구통계학적 차이를 고려하지 않고 두 집단의 범죄율을 비교하는 경우 외국인의 범죄위험성을 과대평가할 우려가 있다.

따라서 우리나라에서 외국인범죄가 실제로 심각한 사회문제인지를 보다 정확히 살펴보기 위해서는 최소한 남여비율과 연령대 정도라도 내국인의 수준에 맞춘 후 비교하는 것 타당하다. <그림 1>에서 네모 연결선 선과 동그라미 연결선은 각각 내국인과 외국인의 범죄율을 나타낸다. 외국인들은 내국인에 비해 저연령층과 고연령층이 상대적으로 적은 점을 고려하여 연령을 20세에서 54세까지로 한정하여 범죄율을 계산했다.[3] 그리고 세모 연결선은 외국인의 남녀비율(3:1)이 내국인의 남녀비율(1:1)과 같다고 가정하고 다시 계산한 외국인범죄율이다. 그래프에서 보듯이 폭력범죄, 재산범죄 그리고 강력범죄 모두 외국인에 비해서 내국인의 범죄율이 높게 나타났다.[4] 특히 두 집단의 성

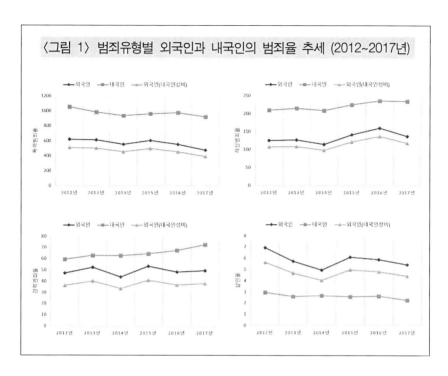

〈그림 1〉 범죄유형별 외국인과 내국인의 범죄율 추세 (2012~2017년)

비를 동일하게 조정했을 때 외국인과 내국인의 범죄율 격차는 더 벌어진다. 다만 살인의 경우에는 성비를 일치시킨 후에도 외국인의 범죄율이 내국인에 비해 여전히 높게 나타났다.

　또 다른 방법으로 지역별 범죄율의 변화추세를 분석하여 외국인 증가로 인한 영향을 추정해 볼 수 있다. 외국인들은 전국에 걸쳐 골고루 분포하는 것이 아니라 특정 도시나 지역에 밀집해 있다. 가장 단순한 방법은 지역별 외국인의 비율과 해당 지역의 전체 범죄율을 비교하여 외국인이 많이 사는 곳일수록 범죄율이 높은지 확인하는 것이다. 그런데 이는 그다지 바람직한 방법이 못된다. 만약 외국인 밀집지역의 범죄율이 높게 나온다면 이러한 결과가 단지 그 지역의 외국인들 때문일까? 그렇게 말하기 힘들다. 왜냐하면 지역사회에 발생하는 범죄의 유형과 수준은 다양한 지역적 특성(예를 들어, 빈곤)에 의해 영향을 받기 때문이다. 또한 외국인들이 몰려들기 전부터 원래 범죄율이 높은 지역일 수도 있다. 생활환경이 열악하고 낙후된 동네일수록 범죄율이 높은 경

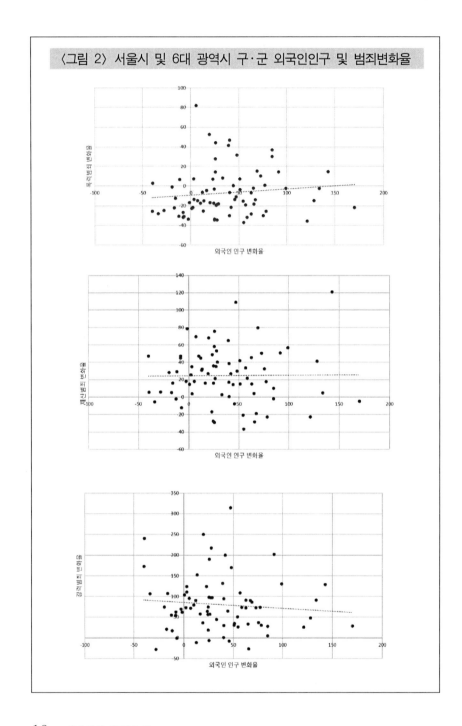

〈그림 2〉 서울시 및 6대 광역시 구·군 외국인인구 및 범죄변화율

향을 보이는데 외국인들은 저렴한 주거비용 때문에 이러한 지역을 선호한다.

한 가지 대안으로 외국인의 유입이 지역의 범죄율에 미친 영향을 장기간에 걸친 변화를 통해 살펴보는 방법이 있다. 지역별 외국인 인구의 변화율과 범죄율의 변화율을 비교하는 방법이다. <그림 2>는 서울시와 6대 광역시에 속한 행정구역인 구와 군(총 74개)에서의 10년간(2007~2017) 외국인 인구변화율과 범죄변화율을 비교한 그래프이다. 추세선을 기준으로 볼 때 외국인이 증가한 지역일수록 폭력범죄도 함께 증가하는 경향을 보였다. 이에 반해 재산범죄는 지역의 외국인수 변화와 무관한 것으로 나타났다. 강력범죄는 오히려 외국인 인구가 증가한 지역일수록 감소하는 경향을 보였다. 종합해 보면 지역별 외국인 인구의 증가가 그 지역의 범죄율을 상승시키는 효과가 있다고 볼만한 일치된 결과는 확인되지 않았다.

우리가 외국인을 두려워하는 이유

공식범죄통계를 분석한 결과에 따르면 살인을 제외하고 외국인들은 내국인들에 비해 범죄를 훨씬 덜 저지른다. 사실 외국인들에 의한 살인사건의 경우도 대부분 같은 외국인들 사이에서 벌어진다. 또한 외국인의 유입이 지역사회의 범죄율에 미치는 영향도 극히 제한적인 것으로 확인되었다. 그런데도 이번 예멘사태에서 드러났듯이 우리나라 사람들은 왜 외국인범죄 문제에 이토록 예민하게 반응하는 걸까?

일차적으로 언론과 대중매체의 영향으로 외국인범죄 문제에 대한 부정확한 시각이 형성된 데에 원인을 찾을 수 있다. 과거 외국인범죄를 다루는 언론사들은 외국인 수의 증가와 인구통계학적 특성은 고려하지 않은 채 단순히 외국인범죄가 몇 배 증가했다는 식으로 보도하는 경우가 많았다.[5] 또한 외국인에 의한 강력범죄에 대해서 대부분의 언론사는 범죄자가 외국인이라는 점을 부각해서 보도해 왔다.[6] 기사 제목에 '외국인 노동자', '불법체류자', '조선족'

이라는 단어가 강조되어 반복적으로 등장했다. 영화 역시 외국인에 대한 왜곡된 이미지를 형성하는데 일조한 바 있다. 한국영화 속에서 조선족 등 외국인은 범죄자 집단으로 묘사되기 일쑤다. 영화 '황해'와 '신세계'에는 조선족 출신의 잔혹한 청부살인범이 등장했고, 영화 '범죄도시'에 등장한 장첸이라는 조선족 범죄자의 아이콘이 되었다. 영화 '청년경찰'에서는 대림동 지역을 난자밀매를 하는 조선족 집단의 소굴처럼 묘사하여 주민들의 반발을 불러일으킨 바 있다.

가짜뉴스들도 외국인범죄에 대한 근거 없는 두려움을 부추기는데 적잖은 역할을 해 왔다. 대표적인 사례로 2018년 10월 서울시 강서구에서 'PC방 살인사건'이 발생했을 때 범인이 조선족이라는 소문이 인터넷을 통해 급속히 퍼져갔다. 범인들의 게임 아이디가 한자로 되어있다는 점, 살인을 저지를 때 칼을 다루는 실력이 남다르다는 점 등을 근거로 들었다. 한번 시작된 억측은 또 다른 억측으로 이어졌다. 한국정부가 고의로 피의자의 신상을 공개하지 않고 사건을 은폐하려한다는 주장까지 제기되었다. 외국인 노동자와 난민에 대한 부정적인 여론이 확산되는 것을 정부가 꺼려하기 때문이라는 것이다. 결국 이 모든 소문과 억측이 사실무근임이 밝혀졌지만 어떻게 외국인에 대한 편견과 선입견이 대중들 사이에 두려움으로 변질되어 확산되어 가는지를 확인시켜 준 사건이었다.7)

그런데 외국인범죄에 대한 두려움의 원인이 단지 대중매체의 영향 때문이라고 말하기에는 다소 석연찮은 점이 있다. 언론보도, 영화, 심지어 가짜뉴스와 찌라시 기사들조차 맨땅에서 생겨나는 것이 아니기 때문이다. 그 속에는 외국인들을 향한 우리 사회의 보편적 시각이 일정 부분 투영되어 있다고 봐야 한다. 어쩌면 대중들이 이미 그렇게 믿고 있는 것들을, 아니 그렇게 믿고 싶은 것들을 단지 대중매체가 텍스트화했을 뿐인지도 모른다. 만약 그렇다면 대중매체로 인해 사람들이 외국인범죄를 두려워하게 된 것이라기보다는 오히려 대중매체가 사람들의 심리기저에 이미 존재하는 두려움에 충실히 부응했다고도 볼 수 있을 것이다.

우리 안에 있는 외국인에 대한 두려움은 단순히 범죄 문제에만 국한된 것이 아니다. 보다 근본적으로 낯선 이방인의 유입을 우리는 어떻게 해석하고 또한 어떻게 반응하는가의 문제와 맞닿아 있다. 미국의 사회학자 허버트 블레록(Hubert M. Blalock)에 따르면 외국인의 유입은 내국인들로 하여금 자신들의 기득권이 위협받을지 모른다는 불안감을 불러일으킨다.[8] 자신들의 일자리와 일감을 뺏길지 모른다는 경제적 차원의 불안감부터 주거지역 등 생활환경이 그들에 의해 점령당할지 모른다는 두려움까지 다양한 영역에서 위협을 느끼게 된다. 이럴 때 이익을 침해당하지 않기 위해 일종의 심리적 방어기제가 발동하게 되는데 가장 대표적인 방법이 다수인 자신들과 소수인 외국인들 사이에 경계를 설정하는 것이다. '우리 vs 그들' 또는 '아군 vs. 적군'의 이분법적 구도에 심적으로 의존하면서 이방인들과 구별되는 자신들만의 정체성을 뚜렷하게 하고자 한다.

폴란드 사회심리학자 헨리 타지펠(Henri Tajfel)은 '우리'라는 관념이 어떻게 형성되는지 밝힌 연구로 유명하다.[9] 그에 의하면 사람들에게는 어떤 기준에 의해서 사회집단을 나눈 뒤 자신이 특정 한 집단에 속한다고 여기는 심리가 존재한다. 그리고는 자신이 속한 집단에 대해서는 동질감을, 그렇지 않은 다른 집단에 대해서는 이질감을 느낀다. 이러한 방식을 통해 사람들은 자아정체성을 확립하게 된다. 예를 들어, 한국에서 태어난 사람은 스스로를 한국인으로 여기고 수많은 다른 한국인들과 일체감을 느끼는 과정을 통해 자신의 정체성을 확인한다. 반면에 피부색, 언어, 국적이 다른 사람들에 대해서는 이질감을 갖게 된다.

그런데 일단 우리와 그들로 범주화가 되고나면 두 집단 간의 차이가 실제보다 훨씬 더 큰 것으로 인식되는 문제가 생겨난다. 더욱이 자신이 속한 집단에 대해서는 실제보다 더 긍정적인 속성을, 타 집단에 대해서는 실제보다 더 부정적인 속성을 부여함으로써 두 집단 사이의 차이를 더욱 벌린다. 자기 민족의 우수성을 내세우며 자부심을 느끼면서 타 민족은 열등하다고 깎아 내린다. 자기 민족은 평화를 사랑하는 문명화된 집단이라고 자랑하면서 타 민족은 폭력적이고 호전적인 집단으로 매도한다. 자기 민족은 이성적이고 합리적이라고 여기면서 타 민족은 감정적이고 비합리적이라고 비난한다.

우리나라의 경우 역사적으로 단일민족, 순혈주의의 관념이 사람들의 정서에 깊이 뿌리내리고 있다. 잦은 외세의 침략 가운데 민족적 정체성을 유지하기 위해 이러한 정서가 더욱 공고해졌다. 외국인범죄에 대한 우리 국민들의 반응 속에는 역사적으로 형성되어 온 자민족중심의 정서가 담겨져 있다고 보는 것이 타당하다. 외국인이 우리 사회에 미치는 실제적인 위험의 정도를 합리적, 이성적으로 따져보기 전에 표출되는 정서적 반응에 가깝다. 그렇기 때문에 외국인범죄에 대한 공포가 단순히 이방인의 구체적이고 객관적인 형태의 위협을 낮춘다고 해결될 수 있는 문제가 아니다. 다시 말해 (이미 내국인보다 낮은) 외국인범죄율을 더 낮춘다고 상황이 더 좋아질 수 있는 문제가 아니다.

극우주의의 확산과 혐오범죄의 위험성

최근 전 세계적으로 극우주의자들에 의한 혐오범죄가 확산되고 있다. 그 중 미국이 가장 대표적인 경우라고 할 수 있다. 자국중심주의를 표방하는 트럼프 행정부가 들어선 이래 전례없이 극우주의가 극성을 부리고 있다. 지난 몇 년간 연이어 발생한 총기난사사건의 중심부에도 바로 극우주의가 위치해 있다. 가장 최근에 발생한 대표적인 사건으로 2019년 8월 3일 텍사스 주 엘파소의 월마트에서 극우주의자에 의한 총격사건이 있다. 이 사건으로 22명이 살해당하고 24명이 부상당했다. 범인은 패트릭 크루시우스(21세)라는 이름의 백인우월주의자이자 반이민주의자였다. 그는 범행을 저지르기 직전 온라인 게시판에 '불편한 진실'이라는 제목의 글을 게시했다. 히스패닉계 이민자들에 대한 노골적 반감을 드러낸 선언문이었다. 자신이 히스패닉들을 공격하는 이유는 그들이 먼저 텍사스 주를 '침략'(invasion)했기 때문이라고 주장했다. 자신의 행동은 외세의 부당한 침략으로부터 미국의 문화적, 민족적 정체성을 지키기 위한 정당한 대응조치라는 점을 강조했다. 그런데 엘 파소 총격사건이 있기 전 트럼프 대통령은 자신의 트위터를 통해 불법이민의 문제를 거론하며 '마약과 범죄자와 사람들의 침략'(invasion)이라는 표현을 사용한 적이 있다. 이민자들에 대한 총격범의 관점이 누구로부터 영향을 받았는지 쉽게 짐작할 수 있다. 정치적으로는 트럼프 행정부의 반이민정책이 백인보수층으로부터 지지를 이끌어내는 데에는 효과적일지 몰라도, 동시에 백인우월주의자와 극우주의자들을 선동하고 있는 것도 사실이다.

그런데 문제의 심각성은 극우주의자들의 테러가 특정 국가 내에 한정되지 않고 전세계적인 현상이 되어 가고 있다는 데에 있다. 엘 파소 총격사건이 있기 몇 달 전 뉴질랜드에서도 초유의 총기난사사건이 발생했는데 바로 이 사건이 크루시우스에게 영향을 미친 것으로 보인다. 2019년 3월 15일 뉴질랜드의 크라이스트처치 중심부에 위치한 한 이슬람 사원에서 끔찍한 총격사건이 발생했다. 무려 51명이 사망하고 49명이 부상을 당하는 최악의 테러였다. 범인은 28세의 호주 남성 브렌튼 태런트였다. 테러가 발생하기 몇 시간 전 그는 트위터와 인터넷 게시판에 선언문을 올렸는데 그 내용 속에는 백인우월주의와 이슬람에 대한 혐오가 그대로 드러났다. 반이민정책을 표방한 트럼프 대통령을 '새로운 백인 정체성의 상징'이라고 치켜세웠다. 반면 이민친화정책을 추진하고 있는 메르켈 독일 총리는 제거해야 할 대상으로 지목하였다.

그리고 뉴질랜드와 미국의 총격사건은 또 다른 극우주의자에게 영감을 제공했다. 2019년 8월 10일 노르웨이의 오슬로 시 근교에 위치한 소도시 베룸의 한 이슬람 사원에 한 극우주의자가 무장 난입했다. 다행히 범행을 저지르기 전 사원에 있던 신도에게 제압을 당해 피해는 모면했다. 체포된 용의자가 인터넷에 올린 글 속에서 그는 뉴질랜드의 총격범 태런트를 성인으로 치켜세우고 자신은 그에게서 선택을 받은 자라고 묘사했다. 엘 파소의 총격사건에 대해서는 '나라를 되찾기 위한 투쟁'이었다고 칭송하면서 인종전쟁의 필요성까지 주장했다.

그동안 난민에 대한 개방정책을 유지해 왔던 독일에서도 증가하고 있는 혐오범죄 문제로 골머리를 앓고 있다. 2018년 외국인을 대상으로 하는 혐오범죄가 전년도에 비해 20%나 증가하였다. 대부분의 혐오범죄는 극우주의자들에 의해 저질러지는 것으로 알려져 있다.[10] 심지어 난민을 옹호하는 정치인을 암살하는 사건까지 발생했다. 2019년 6월 초 기독교민주연합 소속 정치인 발터 뤼프케가 한 극우주의자의 총격에 의해 피살되어 독일 국민들에게 커다란 충격을 주었다. 발터 뤼프케는 메르켈 총리의 친난민정책을 옹호해 왔으며 독일의 극우세력을 비판해 온 인물이었다. 총격범 슈테판 언스트는 극우집단 '컴뱃18'(Combat18)과 연계되어 있는 것으로 알려졌다. 컴뱃18은 영국에서 시작된 극우집단으로 현재 유럽 전역에 그 세력이 퍼져 있고 미국과 캐나다에도 지부가 있다.[11]

혐오범죄란 '편견' 때문에 저질러지는 범죄를 말한다. 사회 내의 특정 집단을 향한 불관용, 편견, 선입견 등이 범행의 핵심적인 동기일 때 혐오범죄라고 불린다. 원어로는 hate crime인데 '혐오범죄' 또는 '증오범죄'로 번역되어 통용된다. 그런데 hate라는 용어 때문에 다소 오해의 소지가 있다. 혐오범죄가 성립되기 위해서 반드시 특정집단을 혐오하거나 증오할 것을 필요로 하지는 않는다. 단순히 그들에 대한 잘못된 편견이 주된 동기라면 충분하다. 이민자 등 외국인을 대상으로 하는 혐오범죄의 근저에는 그들에 대한 편견과 선입견이 자리 잡고 있다. 자민족중심주의나 순혈주의의 정서가 강한 곳일수록 외국인을 향한 왜곡된 시각이 지배적이다. 외국인의 유입이 계속되면 사람들은 점차 민족적 정체성과 '순수성'이 훼손될지 모른다는 위기감에 사로잡힌다. 그러다가 자신들의 이익이 실제로 침해당하고 있다는 판단이 들면 내국인들은 소수의 외국인들을 적대 세력으로 규정하고 보다 공격적인 태도로 전환하게 된다. 더욱이 유명 정치인 등 사회적 유력인사들의 외국인에 대한 차별적 또는 혐오성 발언은 높은 파급력을 지니고 있다. 사람들 마음속에 내재하는 막연한 공포심을 자극하여 인종차별과 혐오범죄를 확산시킨다.

혐오범죄는 여러 국가에서 일반범죄보다 더 심각하게 다루어진다. 단순히 혐오범죄가 더 많은 신체적, 정신적, 사회적 위해를 초래하기 때문이 아니다. 혐오범죄 행위자가 범행을 통해 사회 전체에 전달하려는 메시지가 민주사회의 기본 가치와 이념에 반하기 때문이다. 혐오범죄는 범죄의 표현적 속성이 극대화된 형태의 범죄다. 외국인 대상 혐오범죄의 궁극적 목적이 그들의 생명과 신체를 해치는 데에 있지 않다. 사회에 특정한 메시지를 전하려는 의도로 저질러지는 범죄다. 외국인들을 향해서는 '너희들은 이 땅에서 환영받지 못한다', '너희 나라로 돌아가라'와 같은 거부의 메시지를 전하려는 것이다. 극우세력에게는 외국인들의 침략에 대항하여 공격적 행동에 나설 것을 촉구하는 것이다. 그리고 사회 전체를 향해서는 평등의 가치 아래에서 내국인과 외국인이 동등한 인격체로서 대우받는 현실에 대해 반기를 드는 것이다. 폭력범죄는 가해자와 피해자 사이의 권력관계를 확증하는 행위나 마찬가지다. 폭력을 매개로 양자 사이에 서열이 매겨진다. 혐오범죄의 피해자가 속한 집단은 평가절하되고 가해자가 속한 집단은 지배적 위치를 점하게 된다.

트럼프 대통령의 반이민정책에 반대하는 시민들(2017년 2월 17일 미국 미네소타주 미니애폴리스)

미국의 '혐오범죄 방지법'은 혐오범죄에 대해서 가중처벌을 부과하는 것을 핵심적 내용으로 하고 있다. 혐오범죄를 더욱 엄하게 처벌해야 이유는 바로 행위자의 반민주적, 반인권적 주장과 메세지를 공개적으로 부인하고 피해자와 그가 속한 집단의 구성원이 동등한 인격체를 가진 존재라는 사실을 천명하는데 있다. 또한 범죄행위로 인해 부정된 민주주의 가치를 회복시켜 재승인하고 동시에 범죄로 인해 '덜 가치 있는 존재'로 전락한 피해자와 그가 속한 집단의 지위를 원상회복시켜 주는데 있다.12)

2018년 유엔 산하 인권기구인 '인종차별 철폐 위원회'는 한국 내 인종차별 문제에 관한 보고서를 발표한 바 있다. 보고서는 한국정부에 대해서 "한국의 인종차별 현실과 갈등이 국가적인 위기로 이어질 수 있다"는 우려를 표명했다. 한국 경제는 상당 부분 외국계 이민자들의 노동력에 의존하고 있는 현실에서 이들에 대해 정당한 대우를 제공하지 못하고 있다고 비판했다. 국적과 피부색이 다르다는 이유 때문에 마땅히 인간으로서 누려야 할 동등한 권리를 누리지 못한 채 차별받고 있는 문제를 지적했다. 이러한 문제를 해결하기 위해 한국정부가 적극적으로 나서야 한다고 촉구했다. 특히 눈여겨 볼 부분은 외국인을 향한 혐오발언에 대해 정부가 적극적인 역할을 하여 외국인에 대한 왜곡되고 차별적인 인식이 확산되는 것을 방지해야 한다는 점이다. 관련하여 일부 정치인들과 보수기독단체들이 공공연하게 외국인에 대한 혐오발언을 하는 것에 대해 문제를 삼았다. 여기에는 제주도 예멘 난민과 관련해서 쏟아져 나온 발언들을 지적하기도 했다.13) 외국인을 향한 왜곡되고 차별적인 시각은 언제든지 혐오범죄로 이어질 위험성을 내포하고 있다. 단일민족과 순혈주의 정서가 강한 우리나라에서는 더욱 경계해야 할 대목이다.

차별의 종착역은 어디인가?

2005년 프랑스에서 발생한 이민자 소요사태는 똘레랑스로 대표되는 프랑스 사회의 오랜 관용의 풍토에 의구심을 갖게 만든 사건이었다. 소요사태는 파리를 비롯하여 주변 22개 소도시와 지방에 이르기까지 확산되었다. 약 3주 동안 9천여 대의 차량이 불타고 3천명이 경찰에 의해 체포되었다. 사건의 발단은 파리 외곽에 위치한 이민자 집단거주지에서 발생한 불의의 사고였다. 경찰의 검문을 피해 달아나던 아프리카계 십대 청소년 두 명이 변전소 안에서 감전사하는 일이 발생했던 것이다. 경찰의 조치에 대한 항의에서 시작된 시위에 점차 많은 이민자들이 동참하면서 급기야는 폭력적 소요사태로까지 상황이 악화되고 말았다.

그런데 파리 소요사태의 이면에는 오랜 기간 누적되어 온 이민자에 대한 차별의 문제가 자리 잡고 있다. 제2차 세계대전 이후 산업화가 급속하게 진행되면서 프랑스정부는 필요한 노동력을 충당하기 위해 북아프리카와 아랍지역에서 외국인 노동자를 대거 받아들였다. 그러나 1970년대 오일파동을 기점으로 경기가 안 좋아지면서 외국인 노동자들은 대량실업의 직격탄을 맞았다. 외국이민자들을 수용하기 위해 조성한 파리 외곽의 방리유(프랑스어로 교외, 변두리) 지역은 빈민가로 전락하고 말았다. 높은 실업률, 열악한 주거환경 그리고 범죄와 무질서로 대표되는 이 지역에 사는 주민들은 프랑스 주류 사회의 부정적 시각과 차별적 대우를 견뎌야 했다. 이민자 2세들은 방리유 출신이라는 이유 때문에 교육제도에 적응하기 어려웠고 취업에 있어서는 부당한 차별을 받았다. 시간이 지날수록 방리유와 이곳에 사는 이민자들은 프랑스 주류 사회로부터 고립되고 점점 주변으로 내몰렸다.

사실 문제의 발단은 잘못된 이민정책이었지만 프랑스정부는 다른 접근방법을 통해 문제에 대응했다. 1990년대부터 방리유를 도시폭력문제의 주범으로 지목하고 공격적이고 차별적인 법집행을 전개했다. 당시 내무부장관이었던 니콜라스 사르코지는 방리유를 지칭하며 "쓰레기와 불량배를 진공청소기로 쓸어버리자!"라는 자극적 발언으로 방리유 주민들의 공분을 샀다.14) 방리유에 공권력이 집중되고 주민들에 대한 단속과 검문이 강화되었다. 그 과정에 경찰의 고압적이고 차별적인 태도들이 이민자들의 반발을 불러일으켰다. 프랑스정부와 방리유 이민자들 사이에 갈등의 골이 점점 깊어져 갔고 급기야 대규모 소요사태를 불러온 것이다.

프랑스의 사례가 한국 사회에 주는 첫 번째 교훈은 외국인 이민자들을 주류 사회 속으로 동화시키는 문제에 관한 것이다. 프랑스정부는 경제적 필요 때문에 수많은 외국노동력을 수입했지만 이들을 프랑스 사회 속에 동화시키는데 소홀했다. 방리유라는 별도의 집단주거지를 만들어 그들을 지역적으로 고립시켰을 뿐만 아니라 인종차별을 방관하여 그들을 사회적으로도 고립시켰다. 특히 차별과 편견에 대해 가장 민감하게 반응한 집단이 이민자 2세였다는 점에 주목할 필요가 있다. 이들은 프랑스에서 태어나고 프랑스식 교육을 받으며 자라난 세대다. 스스로를 프랑스인으로 인식하고 있으며 주류 사회의 일원으로 편입하고자 하는 열망이 부모세대에 비해 훨씬 강하다. 그렇기 때문에 부모 세대보다 차별적 대우에 더욱 분노하고 기회의 박탈에 더욱 좌절할 수밖에 없었다.

　　2018년 우리나라 초중고 다문화 학생의 수는 대략 12만 명 정도다. 전년도와 비교할 때 11.7% 증가한 수치이다. 우리나라의 전체 취학생 수가 급감하고 있는 추세와 대조를 보인다. 2018년 '다문화 가족 실태조사'의 결과에 따르면 학교에도 다니지 않고 취업도 하지 않는 15세 이상 다문화 자녀가 전체의 18%에 해당하는 것으로 나타났다. 학업을 중단한 대표적인 이유로 학교생활과 학교문화에 적응하지 못한 것을 손꼽았다. 특히 외국에서 태어나서 자라다가 부모를 따라서 한국에 입국한 중도입국자녀와 불법체류자 부모에게서 태어난 미등록이주자녀의 경우 상황은 더욱 심각한 것으로 알려져 있다. 한국어가 서툴기 때문에 직업교육을 받는데 큰 어려움을 겪는다. 그렇기 때문에 제도권 밖을 떠도는 다문화 청소년들이 늘어가는 추세다. 차별과 편견은 다문화 청소년들을 주변으로 밀어내는 원심력으로 작용하고 있다. 관건은 '우리 사회의 가장자리를 맴도는 다음 세대들을 다시 중앙으로 모을만한 구심력을 어떻게 갖출 것인가?'하는 것이다.

　　프랑스 소요사태의 두 번째 교훈은 이민자 주거지역을 표적으로 한 법집행의 위험성에 관한 것이다. 프랑스의 경우 방리유가 범죄와 무질서의 온상으로 전락한데에는 높은 실업률이라는 경제적 요인과 차별이라는 사회적 요인의 역할이 가장 컸다. 그런데도 프랑스정부는 불안한 치안의 근본적 원인을 해소하려하기 보다는 강경일변도의 범죄억제정책으로 대응했다. 방리유 지역에 경찰력을 집중시켜 단속과 체포를 강화하는 방식은 일차적으로 지역에 사는 사람들을 잠재적 범죄자로 취급하게 되는 문제를 유발한다. 경찰관이 과도하고 차별적인 방식으로 공권력을 행사할 위험성도 함께 증가한다. 또한 법집행에만 의존한 범죄통제전략은 문제를 해결하기보다 오히려 상황을 더욱 악화시킬 우려가 있다. 경찰이 강력하게 법집행을 하면 할수록 검거되거나 처벌받는 사람의 수는 증가하고 그 수치가 범죄통계에 반영되어 오히려 범죄율은 상승한다. 그러면 경찰은 높아진 범죄율을 근거로 더욱 강력하게 법집행을 하게 될 것이다. 결국 이와 같은 악순환 속에서 범죄 문제는 해결되지 않은 채 경찰과 지역주민들 간의 갈등의 골만 깊어질 뿐이다. 우리나라의 경찰도 외국인범죄에 대응한다는 명목으로 외국인 밀집지역에 대한 집중단속을 벌이는 경우가 종종 있다. 프랑스 사례와 마찬가지로 해당 지역에는 '우범지역'이라는 낙인을 부여하고 그 지역에 사는 외국인들을 잠재적 범죄자로 취급할 우려가 있는 접근방법이다.

앞으로의 전망과 대응방향

2019년 9월 2일 통계청이 발표한 '세계와 한국의 인구현황 및 전망'에 따르면 우리나라 인구는 2028년에 정점을 찍은 뒤 점차 감소하여 2067년에는 3천 9백만 명 정도가 될 것으로 예상된다. 인구고령화는 지속적으로 가속화하여 65세 이상 구성비가 2019년 14.9%에서 2067년 46.5%로 급증할 것으로 전망된다. 반면 저출산의 영향으로 유소년인구와 생산연령인구는 2019년에서 2067년 사이 각각 4.3%포인트, 27.3% 포인트 감소할 것으로 보인다. 반면 외국인 수는 계속 증가하여 2067년이 되면 우리나라 인구 가운데 외국인이 차지하는 비율이 25%에 이를 것으로 예상된다. 인구고령화와 저출산으로 인한 생산인구감소 추세가 지속된다면 외국노동인력에 대한 수요가 갈수록 늘어나는 것은 불가피한 현상이다. 장차 우리나라가 직면하게 될 이와 같은 급격한 인구구조의 변화가 우리 사회의 안녕과 질서를 위협하지 않게 하려면 어떻게 해야 할까?

앞에서 살펴봤듯이 외국인의 증가가 내국인들에게 자칫 국가의 정체성과 사회 안전에 대한 위협으로 인식될 경우 극우주의를 자극하고 외국인에 대한 혐오범죄로 이어질 수 있다. 내국인의 배타적이고 적대적인 태도는 외국인들이 한국 사회에 동화하는데 커다란 장애요인이 될 것이다. 더 나아가 이민자들의 지역적 고립화, 사회적 주변화가 가속적된다면 최종적으로는 외국인 밀집지역을 중심으로 만성적 우범지역인 슬럼이 형성될 위험성도 존재한다. 하지만 다행인 것은 아직까지 우리에게 최선의 시나리오를 만들기 위한 선택의 여지가 남겨져 있다는 점이다. 현재의 선택에서 따라서 앞으로 우리 사회는 외국의 실패한 선례를 따르지 않고 안전하고 조화로운 다문화사회로 연착륙할 수 있을 것이다.

　　무엇보다 우리 사회는 배제가 아닌 포용의 길을 선택해야 한다. 최근 조사에 따르면 일반국민들의 다문화인식은 여전히 크게 개선되지 않고 있다. 2018년 '국민 다문화 수용성조사' 결과에 의하면 성인들의 다문화 수용성이 2015년 조사 때보다 하락했다. 국민의 약 절반가량은 여전히 단일민족의 혈통 유지가 자랑스럽다고 생각하고 약 35%는 여러 민족을 수용하면 국가 결속력이 약화된다고 생각하고 있었다. 외국인에 대한 차별과 배제는 치안환경을 갈수록 불안하게 만들 뿐이다. 포용의 길로 가기 위해서는 한국 사회에 뿌리 깊은 자민족중심주의를 극복하는 것이 선결과제다. 휴머니즘과 인권교육, 다문화 프로그램과 홍보 등을 통해 외국인에 대한 편견과 차별적 문화를 개선해 나가야 한다. 또한 외국인에 대한 혐오발언과 혐오범죄를 방지하기 위한 법제도적 노력도 뒷받침되어야 할 것이다. 아울러 외국 이민자들이 한국 사회에 조기에 정착할 수 있는 지원체계가 마련되어야 하고 이들에 대한 언어교육, 취업교육 등 정착에 필요한 교육기회를 확대해야 할 것이다. 처음부터 지역사회 속에 잘 뿌리 내리기 위해 가족단위의 이민을 장려하는 것도 필요하다. 또한 현재의 저숙련 노동자 위주의 고숙련 노동자로 확대하여 사회의 하위계층에 이민자들이 집중되는 문제를 해소할 필요도 있다. 마지막으로 치안활동에 있어 차별적인 요소가 없도록 해야 한다. 경찰이 외국인 밀집지역을 대상으로 범죄예방활동을 할 때에는 그 지역과 주민들에게 부정적 낙인이 생기지 않도록 해야 한다. 단지 외국인들이 많이 거주한다는 이유 때문에 주기적으로 집중단속을 벌이는 등 타 지역과 다르게 취급되어서는 안 된다. 그 대신 외국인 지역이라는 특수성을 고려하여 지역에 맞는 공동체중심 치안을 활성화할 필요가 있다. 경찰은 지역주민들과의 긴밀한 네트워크 속에서 지역사회의 문제를 파악하고 지역사회 구성원들과 공동의 노력으로 지역 문제를 해결해 나가는 전략이 보다 바람직하다.

성폭력의 그림자, #미투 운동, 그리고 정반합

성폭력의 그림자, #미투 운동,
그리고 정반합

성폭력의 그림자와 삶의 질

"성폭력의 그림자 가설(shadow of sexual assault hypothesis)"이 있다. 이는 성폭력 피해경험이나 두려움이 다른 유형의 범죄피해 두려움에도 큰 영향을 미치는 강력한 요인이라는 설명이다.[1] 즉, 여성이나 일부 취약한 상황의 남성에게는 성폭력을 당할지 모른다는 두려움이 모든 범죄에 대한 두려움 그 자체인 것이다. 아마 대다수 독자들이 공감할 수 있는 직관적인 주장임과 동시에 실제 연구와 데이터도 강한 지지를 보이고 있다.[2]

학술적인 의미를 넘어 '그림자'라는 용어는 성폭력이 미치는 삶에 대한 악영향을 묘사하기도 한다. 최근 연구에 따르면 성폭력 피해자가 겪는 트라우마는 참전 군인의 트라우마와 맞먹을 정도이다. 심지어 피해 후 21년이 지났음에도 여전히 병원을 찾는 경우가 있다. 또한 정신적인 피해뿐만 아니라 신체적인 건강도 크게 손상된다고 한다.[3] 실제 한국산업안전보건공단 산업안전보건연구원에서 실시하는 「근로환경조사」 결과, 직장 내 성희롱 피해자들은 미경험자들에 비해 두통, 복통, 호흡곤란, 불안장애, 전신피로, 수면장애 등더 많은 건강상의 어려움을 호소하는 것으로 드러났다. 피해자들은 60세까지근무하리라는 믿음이 현저히 낮을 뿐 아니라 6개월 내 실직할지 모른다는 심각한 두려움을 느끼고 있다.[4]

　　이처럼 성폭력의 그림자는 범죄에 대한 두려움을 대표함과 동시에 피해자의 삶에 심각한 악영향을 미치고 있다. 최근의 화두인 워라밸(work-life balance)은 삶의 질을 중시하는 우리 사회의 단면을 잘 보여주면서 양성평등, 직장내 괴롭힘 금지와 같은 이슈에 주목하게 만든다. 하지만 성폭력의 그림자가 존재하는 개인에게는 삶의 질이라는 개념 자체가 사치일 수 있다. 실제로성폭력이 삶을 질을 저해하는 가장 심각한 요인 중 하나라는 연구결과가 많이존재한다.

〈성폭력이란?〉

　　앞서 예를 든 산업안전보건연구원의 「근로환경조사」 결과는 직장 내 성희롱에 대한 것이다. 그런데 왠지 성희롱은 성폭력보다 약하거나 다른 행위로느껴지기도 한다. 그렇다고 정확히 구분하기는 또 쉽지 않다. 게다가 성범죄, 성폭행, 성추행이라는 용어도 존재하여 너무나 복잡하다. 그래서 먼저 성폭력에 대한 개념부터 간결하게 정리해보자.

- 성폭력은 "성을 매개로 상대방의 의사에 반해 이뤄지는 모든 가해행위"를 일컫는다. 즉, 폭력을 수반하여 상대방의 성적 자유나 자기결정권을침해하는 경우 성립하며, 성폭행, 성추행, 성희롱을 포함한다.
- 폭력이 수반되지 않은 채 선량한 성풍속을 해하는 행위들, 예컨대 공연음란이나 성매매, 음란물 제조·판매 등은 성풍속 범죄에 해당한다.
- 이러한 성폭력 범죄와 성풍속 범죄를 모두 포괄하는 개념이 성범죄이다.

> ※ 성범죄 ＝ 성폭력 범죄 ＋ 성풍속 범죄
> ※ 성폭력 ＝ 성폭행 ＋ 성추행 ＋ 성희롱

- 성폭행은 형법상 강간을 순화시킨 용어로서 강제력이 동반된 성교를 의미한다.
- 성추행은 형법상 강제추행으로 규정되어 있고 강제력이 동반된 신체접촉으로 성적 수치심을 유발하는 행위이다.
- 성폭행과 성추행은 형사처벌 대상인 반면, 성희롱은 주로 직장 내 조치 대상이다.
- 성희롱은 「남녀고용평등법」상 '직장 내 성희롱'으로 규정되어 있고 신체적, 언어적, 시각적으로 성적 수치심을 유발하는 행위를 말한다. 원칙적으로 직장 내 조치 대상이지만, 형법상 모욕죄로 처벌할 수 있고, 민사상 손해배상 청구가 가능하다.

> ※ 성폭행 > 성추행 : 형사처벌
> ※ 성희롱 : 직장 내 조치(모욕죄로의 형사처벌과 민사상 손해배상 청구 가능)

출처: 장응혁·김상훈, 2018

성폭력의 그림자가 커지고 있다!

그런데 안타깝게도 공식 통계자료에 의하면 우리 사회의 성폭력 발생이 증가하고 있다. 예컨대, 대검찰청의 범죄분석(2018)은 지난 10년간(2008-2017) 성폭력 범죄(성폭행과 성추행)가 두 배 가까이(94.7%) 증가했음을 보여준다. 이는 살인, 강도, 방화 등 다른 강력범죄가 감소추세에 있는 것과 완전히 다른 양상이다. 증가율의 기준이 되는 <그림 1>은 인구 10만명당 성폭력 발생 건수를 보여주고 있고 <표 1>은 유형별 발생 현황을 보여주고 있다.

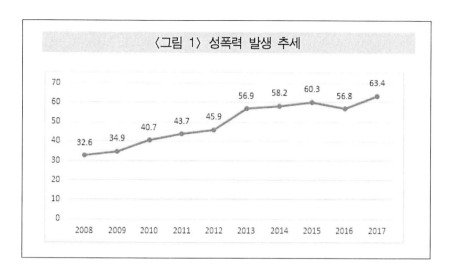

〈그림 1〉 성폭력 발생 추세

[표1] 성폭력 유형별 발생 현황

(단위: 건(%))

연도	강간	강제 추행	강간 등	강간 등 살인/치사	강간 등 상해/치상	특수강도 강간 등	카메라 등 이용촬영	성적 목적 장소침입	통신매체 이용 음란	공중밀집 장소 추행	계
2008	3,621 (22.5)	6,080 (37.7)	2,601 (16.1)	17 (0.1)	1,625 (10.1)	368 (2.3)	585 (3.6)	–	378 (2.3)	854 (5.3)	16,129
2009	3,923 (22.6)	6,178 (35.6)	2,706 (15.6)	18 (0.1)	1,544 (8.9)	479 (2.8)	834 (4.8)	–	761 (4.4)	934 (5.4)	17,377
2010	4,384 (21.3)	7,314 (35.5)	3,234 (15.7)	9 (0.0)	1,573 (7.6)	293 (1.4)	1,153 (5.6)	–	1,031 (5.0)	1,593 (7.7)	20,584
2011	4,425 (20.0)	8,535 (38.5)	3,206 (14.5)	8 (0.0)	1,483 (6.7)	285 (1.3)	1,565 (7.1)	–	911 (4.1)	1,750 (7.9)	22,168
2012	4,349 (18.6)	10,949 (46.9)	1,937 (8.2)	13 (0.1)	1,208 (5.2)	209 (0.9)	2,462 (10.5)	–	917 (4.0)	1,332 (5.7)	23,365
2013	5,359 (18.4)	13,236 (45.5)	1,186 (4.0)	22 (0.1)	1,094 (3.8)	150 (0.5)	4,903 (16.9)	214 (0.7)	1,416 (4.9)	1,517 (5.2)	29,097
2014	5,092 (16.7)	12,849 (42.2)	624 (2.0)	8 (0.0)	872 (2.9)	123 (0.4)	6,735 (24.1)	470 (1.5)	1,254 (4.1)	1,838 (6.1)	29,863
2015	5,274 (17.0)	13,266 (42.7)	283 (0.9)	6 (0.0)	849 (2.7)	72 (0.2)	7,730 (24.9)	543 (1.7)	1,139 (3.7)	1,901 (6.1)	31,063
2016	5,412 (18.4)	14,339 (48.8)	192 (0.7)	8 (0.0)	736 (2.5)	56 (0.2)	5,249 (17.9)	477 (1.6)	1,115 (3.8)	1,773 (6.0)	29,357
2017	5,555 (16.9)	15,981 (48.7)	144 (0.4)	7 (0.0)	716 (2.2)	34 (0.1)	6,615 (20.2)	422 (1.3)	1,265 (3.9)	2,085 (6.4)	32,824

출처: 대검찰청 범죄개요.

순 발생건수는 2008년 16,129건에서 2017년 32,824건으로 두 배 이상 증가하였다. 세부 유형별로 살펴보면, 카메라 등을 이용한 불법촬영 범죄가 2008년 585건에서 2017년 6,615건으로 10배 이상 늘었고, 지하철 등 공중 밀집장소에서의 추행을 포함한 강제추행도 2008년 6,934건에서 2017년 18,066건으로 2.5배가량 증가하였다.

암수까지 고려하면 문제는 더 심각하다

성폭력은 공식통계에 포함되지 않는 암수가 가장 많은 유형의 범죄로 잘 알려져 있다. 즉, 수치심이나 2차 피해에 대한 공포 등 여러 가지 이유로 피해자가 신고를 꺼리는 경향이 매우 큰 것이 사실이다. 이를 보완하고 보다 정확한 실태를 파악하기 위해 여성가족부에서는 2010년부터「성폭력 안전 실태조사」를 매 3년마다 실시하고 있다. 2013년부터는 국가승인통계로 인정받아 점차 표본 수를 늘려가고 있으며, 올해 2019년 조사에서는 불법촬영 등 디지털 성범죄에 대한 피해현황을 파악하기 위해 '불법촬영물 유포 피해' 항목을 추가하였다.

가장 최근에 실시된 2016년도 조사는 전국 만19세 이상 64세 이하 성인 남녀 7,200명을 대상으로 실시되었다. 그 결과 0.8%의 응답자(여성 1.5%, 남성 0.1%)가 '신체접촉을 수반한 성폭력', 즉 성폭행과 성추행을 경험한 것으로 드러났다. 피해율을 2016년 9월 기준[5] 해당 연령대 인구수인 35,280,720명에 적용하면 약 282,245건이 발생한 것으로 추정할 수 있다. 이에 비해 공식 통계자료는 20,743건[6]에 불과하여 상당한 암수가 존재함을 확인할 수 있었다. 실제 여성가족부의 조사결과에 따르면 피해자 중 직접 경찰에 도움을 요청한 경우는 1.9%에 불과한 것으로 드러났다.[7]

〈이처럼 심각한 성폭력은 어떻게 처벌될까?〉

성폭력에 대한 처벌은 법적인 유형에 따라 달라지는데, 이는 앞서 살펴 본 성폭력의 개념에 비해 훨씬 복잡하다. 또한 범행의 결과, 상습성, 피해자의 특성(예, 나이, 심신미약), 피해자와의 관계(예, 친족), 가해의 방법(예, 주거침입, 흉기 소지, 다수 관여) 등 여러 요인들이 판사의 양형 선고에 영향을 미친다. 따라서 상세한 처벌 법규와 형량에 대해서는 전문서적을 참고하거나 전문가의 도움을 필요로 한다.

간단히 예를 들면, 강간(성폭행)의 유형에는 준강간, 유사강간, 의제강간 등이 포함되는데, 이러한 강간의 결과로 인해 상해나 사망이 발생한 경우에는 가중처벌한다. 만약 피해자가 사망한 경우에는 최대 사형까지 선고가 가능하다.

특히 사회적 공분의 대상이 되고 있는 19세 미만의 미성년자에 대한 강간·강제추행에 대해서는 극소수의 예외(궁핍한 상태 이용 추행, 의제강제추행)를 제외하고 모두 하한형[8])을 두어 더욱 엄격히 처벌하고 있다.

2019년 10월 현재 성폭력에 대한 우리나라의 법규 및 형량은 2000년대 이후 처벌이 강화되는 방향으로 변화되어 온 결과물로 이해하면 된다. 밀양 집단성폭력 사건(2004. 12.), 조두순 사건(일명 나영이 사건, 2008. 12.), 도가니 사건(2011. 9.) 등 사회적 이슈는 항상 입법의 미비를 질타했고 우리 사회는 즉각 반응하였다. 소잃고 외양간 고친다는 비난도 있었고 우후죽순 생겨나 체계가 잡히지 않았다는 지적도 존재하지만, 최근의 처벌 강화 추세는 성폭력의 그림자가 미치는 심각성을 고려하면 매우 다행스럽다.

출처: 장응혁·김상훈, 2018

성희롱이 궁금해!

일부 독자들은 앞의 공식통계에서 성희롱이 누락된 것을 알아챘을 것이다. 그 이유는 성폭력의 개념에서 설명한대로 성희롱은 원칙적으로 형사법에 명문으로 규정되어 있지 않고 「남녀고용평등법」상 직장 내 조치 대상이기 때문이다. 그럼에도 불구하고 성희롱이 미치는 악영향은 다른 성폭력 범죄에 비해 결코 약하다고 할 수 없다(「근로환경조사」 결과 참고). 또한 직장 내에서 만연해 있는 실태를 고려하면 다수 직장인들의 삶의 질을 떨어뜨리는 주범이라 해도 과언이 아니다. 따라서 직장 내 성희롱에 대한 상세한 개념과 조치에 대해 별도로 알아둘 필요가 있다.

〈직장 내 성희롱이 만연해 있다고?〉

그렇다. 직장 내 성희롱 피해율은 조사에 따라 약간의 편차를 보이지만 대체로 여성은 30-50% 정도, 남성은 20-40% 정도로 파악된다. 예컨대, 한국직업능력개발원의 「직장인 근무환경 설문조사」(2016)에 따르면 15개 산업분야 근로자 3,000명 중 29%(여성 34.4%, 남성 25%)가 지난 6개월 간 주 1회 이상 성희롱을 경험했다고 응답하였다.9) 한국형사정책연구원의 「성희롱 실태분석과 형사정책적 대응방안 연구」(2016) 결과에 따르면 전국 직장인 1,150명 가운데 여성은 51.9%, 남성은 35%가 현 직장에서 성희롱 피해를 경험한 것으로 드러났다.10)

먼저, 직장 내 성희롱의 개념은 학문적으로나 법적으로 잘 정립되어 있는 것으로 평가된다. 대표적인 예로서 「남녀고용평등법」에서는 직장 내 성희롱을 다음과 같이 정의하고 있다.

"사업주·상급자 또는 근로자가 직장 내의 지위를 이용하거나 업무와 관련하여 다른 근로자에게 성적 언동 등으로 성적 굴욕감 또는 혐오감을 느끼게 하거나 성적 언동 또는 그 밖의 요구 등에 따르지 아니하였다는 이유로 고용에서 불이익을 주는 것"

현재는 법제명이 「양성평등기본법」으로 바뀐 여성발전기본법에서도 당사자 간 관계나 성희롱의 발생경위가 고용관계에 국한되지 않을 뿐, 성희롱 행위의 요건, 방법과 유형, 피해에 대한 설명은 「남녀고용평등법」과 유사하다.11)

이러한 직장 내 성희롱의 개념을 잘 살펴보면 행위 유형이 상당히 광범위함을 쉽게 짐작할 수 있다. 실제 남녀고용평등법 시행규칙 제2조는 신체적 행위 세 가지, 언어적 행위 다섯 가지, 시각적 행위 두 가지 등 총 열 가지 행위 유형을 다음과 같이 구체적으로 적시하고 있다[12]

- 입맞춤, 포옹 또는 뒤에서 껴안는 등의 신체적 접촉 행위
- 가슴·엉덩이 등 특정 신체 부위를 만지는 행위
- 안마나 애무를 강요하는 행위
- 음란한 농담을 하거나 음탕하고 상스러운 이야기를 하는 행위(전화통화를 포함)
- 외모에 대한 성적인 비유나 평가를 하는 행위
- 성적인 사실관계를 묻거나 성적인 내용의 정보를 의도적으로 퍼뜨리는 행위
- 성적인 관계를 강요하거나 회유하는 행위
- 회식 자리 등에서 무리하게 옆에 앉혀 술을 따르도록 강요하는 행위
- 음란한 사진·그림·낙서·출판물 등을 게시하거나 보여주는 행위(컴퓨터통신이나 팩시밀리 등을 이용하는 경우 포함)
- 성과 관련된 자신의 특정 신체 부위를 고의적으로 노출하거나 만지는 행위

성희롱 행위에 대한 규제는 「국가인권위원회법」과 「남녀고용평등법」에 포괄적으로 규정되어 있다. 먼저 「국가인권위원회법」은 행위자에 대해서 특별 인권교육을 실시하고, 피해자에 대한 손해배상 등 시정조치를 권고하고 있다. 소속기관의 장에 대해서는 행위자를 징계 등 인사조치하고, 재발방지대책을 마련하며, 피해자에 대한 손해배상 등 시정조치를 권고하고 있다. 아울러 당사자 간 조정이나 합의를 장려하고 있기도 하다. 「남녀고용평등법」은 사업주에 대해 시정 지시를 하고 있으며, 과태료를 부과하거나 사법처리를 도모하기도 한다.

성폭력의 그림자 #미투 운동으로 이어지다

이처럼 그 피해가 심각하고 또한 다양한 형태로 증가추세에 있는 성폭력은 필연적으로 사회고발 운동인 #미투로 이어졌다.

우리나라의 경우 2018년 1월 29일 저녁 서지현 검사가 JTBC '뉴스룸'에 출현하여 상사로부터의 성추행과 이후 벌어진 부당한 인사를 고발하면서부터 촉발되었다. 서지현 검사는 당일 오전 검찰의 내부 인터넷 망에 장문의 고발 글을 올렸는데, '과거의 잘못을 단죄하지 않는 것은 미래의 범죄에 용기를 주는 것이다'라는 알베르 카뮈(Albert Camus)의 글에 영감을 받아 앞으로 일어날 범죄를 막기 위해 용기를 냈다고 밝혔다.

이후 #미투 운동은 성폭력에 대한 강력한 처벌요구를 넘어 우리 사회의 고질적인 성차별을 타파하고 가부장적 남성우월주의를 개선하고자 하는 구조적 변화에 대한 갈망으로 이어졌다.

#미투 운동이 과연 양성평등으로 가는 우리 사회의 구조적 변화를 이끌어낼 수 있을까? 이에 대한 해답을 찾기 위해서는 #미투 운동을 단발적·독립적인 사건으로 보아선 안되며 반드시 페미니즘적 시각에 결부시켜 역사적 맥락 속에서 이해해야 한다. 지면의 한계를 고려하여 우리나라 페미니즘 운동의 역사와 의의에 대해 간단히 살펴보자.

우리나라의 페미니즘과 사회변화

우리나라의 페미니즘 운동은 1993년 발생한 서울대 조교 성희롱 사건을 계기로 본격화되었다. 당시의 여성 운동은 1995년 「여성발전기본법」이 제정되는 등 법과 제도 차원에서 성평등 정책을 견인한 것으로 평가받는다. 특히 '반 성폭력 운동'을 통해 성폭력 예방과 처벌을 위한 법제화를 촉진시켜 「성폭력범죄의 처벌 등에 관한 특례법」이 제정되는 등의 성과를 거두었다.

그러다가 2000년대 들어 젊은 여성들은 페미니스트에 대한 사회적 편견과 조롱을 피하기 위해 기존 체제 안에서 개인적 성취를 도모하는 성향을 보였다. 즉, 정치적 투쟁이나 구조적 변화와는 거리가 먼 세대로서 '포스트 페미니즘'을 이끌었으며, 이들이 자신의 주장을 펼칠 때 자주 사용한 표현은 '나는 페미니스트는 아니지만 …'이라는 단서였다. 이는 결국 페미니스트로서 정체화되는 것을 우려한 표현이었다.

하지만 보수적인 정치·사회 분위기 속에서 체제와 타협하며 개인의 성취를 도모했던 여성들은 자신만의 노력으로 극복할 수 없는 유리천장과 같은 구조적 한계를 느끼기 시작했다. 여기에 더하여 전반적인 여권신장의 흐름 속에 주류에서 밀려난 남성들은 '반 여성' 또는 '여성혐오' 담론(에, '김치녀', '된장녀')을 생산해내기 시작했다. 특히 보수정권 약 10년간의 여성정책은 페미니즘의 종언이나 후퇴를 초래한 것으로 평가된다.

이에 대한 반발로 2015년 이후 '메갈리아에서 페미니즘을 배운' 젊은 여성들의 '새로운 페미니즘'이 등장했다. 이들은 인터넷 공간에 만연한 여성혐오 표현과 일상적인 성폭력 문화에 대해 분노하기 시작했다. 구조적인 불평등, 맹목적인 혐오와 폭력, 성폭력 피해자에 대한 비난이나 2차 피해와 같은 문제들에 공감하며 연대하였다. 그 대표적인 공간이 '메갈리아'였고 여성혐오에 대한 미러링을 통해 남성혐오를 표출하였다. 이들은 오랜 좌절을 통해 스스로 각성한 세대로 평가되며 '디지털 네이티브 세대의 자생적 페미니스트'로 구분된다.

'새로운 페미니즘'은 관련 서적들의 잇단 출간, '넷 페미니스트'의 출현, '페미니즘을 덕질하는' 등의 새로운 경향을 보여주고 있다. 그리고 2018년 #미투 운동을 가능케 한 배경이 되었다.[13]

〈우리 역사는 많은 분야에서 미국 등 선진국의 전철을 밟고 있는 중이야. 그래서 서구의 페미니즘 운동과 사회변화는 어땠는지 알고 싶어!〉

지면의 한계를 고려하여 미국 사례를 중심으로 간략히 살펴보자. 미국의 범죄학자이자 실천운동가인 조앤 벨크냅(Joanne Belknap, 2007)은 21세기 이전의 페미니즘을 3단계로 구분하였다.

최초의 페미니즘 운동(first-wave feminism)은 19세기 후반부터 20세기 초반에 걸쳐 여성의 참정권을 비롯한 노동의 기회, 임금인상, 낙태의 권리 등을 주장하였다. 그 결과 미국 수정헌법 제19조에 의거 여성의 참정권 제한이 금지되는 성과를 이루어냈다. 이때의 페미니즘은 다소 급진적이었던 2차 페미니즘과 비교하고 당시의 사상적 분위기, 즉 독립적인 개인으로서의 여성을 강조하여 '자유주의적 페미니즘'으로 불린다.

2차 페미니즘 운동은 1960년대 미국의 혼란한 대내외 정세와 각종 계급갈등(인종, 빈부, 성, 이념 등) 상황에서 여권 신장과 여성의 독립을 주장하였다. 궁극적으로 가부장적인 남성 위주의 제도와 문화를 전복시키고자 하여 이때부터 생물학적 용어인 sex 대신 사회학적 용어인 gender가 등장하였다. 또한 기존의 성 체계인 이성 간 교제(heterosexual relationship)에서 벗어나 여성 간 교제를 진정한 여성의 독립으로 간주하는 레즈비언 운동이 전개되기도 했다. 이때의 페미니즘은 여성을 하나의 계급으로 간주하여 다양한 형태의 계급갈등 중 하나로 적극 참여함으로써 '급진적 페미니즘'으로 불린다. 그러다 보니 페미니즘 내부에서도 인종과 계층 등에 따라 다양한 갈등상황이 연출되었다.

3차 페미니즘 운동은 1990년대 비교적 안정된 사회 분위기 속에서 급진적 페미니즘이 간과했던 부분을 보완하고 가부장적 체제를 뒤집기보다는 양성평등을 강조하였다. 백인 중산층 여성이 주도하던 2차 페미니즘에 비해 다양한 인종, 계층, 성적 취향, 종교적 배경을 가지고 있는 여성들의 목소리가 혼합되어 gender의 의미가 한층 더 확대되었다. 즉, 단순히 생물학적 개념인 sex에 대한 반발로서가 아니라, 다양한 성장배경이 상호작용하여 구성된 결과물로 보게 되었다. 이러한 시각은 비단 여성에만 국한되지 않는 보편적인 논리로 모든 개인의 성 정체성(gender identity)을 이해하는 아주 세련된 방법이었다. 결과적으로 sex/gender 이분법이나 여성을 하나의 집단으로 간주하는 시각이 사라지고 개인의 형성과 gender의 다채로움에 주목하는 발전을 이루어냈다.

이러한 과정을 거쳐 페미니즘 운동은 여성의 권익신장(예, 참정권, 고용확대, 임금인상, 평등이혼, 피임과 낙태 등)에 크게 기여했다. 아울러 성적 취향의 변화(homosexuality)는 물론 언어적 변화도 초래하였다. 예컨대, 인류를 뜻하는 단어로 'mankind' 대신 'humanity'가 등장하였고, 결혼한 여성을 지칭하는 'Mrs.'와 미혼 여성을 지칭하는 'Miss.'는 'Ms.'로 통합되었다. 사람을 지칭할 때 'he'를 쓰던 관행이 'he or she'로 일반화되었고, 최근에는 'history' 대신 'herstory'를 주장하는 견해도 일부 목격된다. 종교에서도 유대교에 여성 랍비가 등장하고 기독교에 여성 성직자가 임명되는 등 전반적으로 여성의 삶이 보다 평등하고 인간다워지는데 크게 공헌한 것으로 평가받는다.

하지만, 몇 가지 문제점도 지적된다. 먼저 남성에 대한 비판이 일반화되어 남성의 열등성을 강조하는 성대결 현상을 초래하였다. 이에 남성들이 느끼는 억압감이 급증하여 여성보다 4배 높은 자살률을 기록하기도 했다. 특히 공격의 집중대상인 백인 남성의 자살률이 급증하였는데, 이에 대한 반작용으로 '여성혐오' 현상이 나타나기도 했다. 보수적인 시각에서는 전통적인 성역할(gender roles)이 파괴되어 기존 질서의 장점과 혜택은 사라져버리고 영문도 모른 채 아이들만 피해를 보고 있다는 비판도 제기된다.

#미투 운동의 긍정적 영향

2018년 4월 한국여성정책연구원의 성평등전략사업센터에서는 서지현 검사의 폭로 이후 우리사회의 변화를 진단하기 위해 시민과 전문가를 대상으로 여론조사를 실시하였다.

그 결과, 우리 사회의 구조적 성차별이 이슈화되고 양성평등에 대한 사회적 공감대가 형성되었으며 향후 남성들의 성평등 의식이 높아질 것으로 전망되었다. 보다 구체적으로 우리 국민 10명 중 8명은 #미투 운동을 지지하고 있고 7명은 성폭력이나 성차별 이슈에 대한 관심도가 높아졌다고 응답하였다. 특히 남성 중 75.2%(여성은 83.8%)가 #미투 운동이 우리 사회의 성평등 수준

향상에 도움이 된다고 답하여 문화적 변화의 동력은 확보된 것으로 보였다.

하지만, 성평등 정책 전문가들은 이러한 움직임이 성폭력 문제 대응에만 국한되어 구조적·문화적 변화를 위한 적극적 조치가 소홀할 수 있고, 자칫 남녀 간 성대결 구조로 전개되어 오히려 양성평등을 저해할 수 있다는 우려를 표하였다. 따라서 정부는 가해자 처벌, 피해자 보호를 위한 정책뿐만 아니라 평등한 조직문화 양성과 사회 분위기 조성을 위해 체계적이고 지속적인 노력을 해야 한다고 주문하였다.

부작용: 혐오 공화국

안타깝게도 2018년 7월 대한민국은 혐오 공화국이 되어가고 있었다.

그해 초 문화예술계, 체육계, 정치권은 물론 대학가, 스쿨 미투 등 사회전반에 들불처럼 번져가던 #미투 운동은 3월 9일 배우 겸 교수였던 조민기의 사망을 기점으로 반발정서가 생겨나기 시작했다. 영국 일간 텔레그래프는 성폭력 근절과 성차별 폐지를 주장하는 한국의 #미투 운동이 조민기 사망을 계기로 천박한 마녀사냥에 불과하다는 인식으로 전환되었다고 진단하였다.

5월부터는 #미투 운동이나 고발자들에 대한 악성댓글, 극단적 편 가르기 등의 시도가 언론에 보도되기 시작했고, 국민일보의 조효석 기자는 7월 11일 기사에서 "또 불붙은 여혐 vs. 남혐 … '혐오 중독' 대한민국"이라는 제목하에 극단적인 성대결 양상으로 흐르는 #미투 운동의 부작용을 우려하였다.14)

향후 전망: 정반합 - 모든 것이 잘될거야!

"혐오 공화국", 참 안타깝고 무서운 표현이다. 하지만 지레 겁먹을 필요는 없다. 지금껏 언론에 의해 확대 재생산되는 분열적 이데올로기를 충분히

봐왔기 때문이다.

　이젠 미디어의 영향으로부터 벗어나 조금 더 사실에 근거하여 객관적으로 현상을 바라보아야 한다. 그래서 조금 긍정적인 이야기를 해보겠다.

　모든 사회변화는 부침과 반작용을 수반한다. 독일의 관념론자 헤겔(Georg W. F. Hegel)의 말처럼 모든 존재와 사건(법, 도덕, 윤리)은 정반합 과정을 통해 끊임없이 발전해간다. 인류 역사가 그래왔고 서구의 페미니즘 운동 역시 옳은 주장에 내재된 모순을 인식하고 갈등을 해결하는 과정을 반복적으로 거쳐 왔다. 특히 최근 보이고 있는 중립적인 gender 개념의 확산은 소모적인 성대결에서 벗어나 개인의 성 정체성이 형성되는 과정을 중시하는 매우 세련되고 보편적인 시각으로 승화되고 있다. 아직 완전하진 않지만 양성평등 실현에 크게 기여한 것으로 평가받는다.

　따라서 우리나라의 #미투 운동과 페미니즘도 그러한 정반합 과정을 밟아가며 더욱 세련되고 모두에게 보편되는 가치를 지향할 것으로 기대된다. 성 갈등의 부각과 분열적 이데올로기의 확산보다는 이러한 긍정적 기대가 우리의 현 상황을 바라보는 더 합리적인 해석이라고 생각된다.

성폭력, 실제로는 감소하고 있다!

　역사적 경험에 더하여 정반합의 원리를 지지하는 객관적 데이터를 하나 더 제시해보겠다.

　앞서 성폭력(성폭행과 성추행) 발생이 수사기관의 발표자료를 근거로 급증 추세에 있다고 하였다. 하지만 성폭력은 암수가 가장 많은 범죄로서 정확한 실태 파악을 위해 피해자 조사를 실시한다. 우리나라의 대표적인 사례가 여성가족부에서 실시하는 「성폭력 안전 실태조사」로서 2010년부터 매 3년마다 실시하고 있다. 2016년 조사결과 만 19세 이상 64세 이하 성인남녀의 피해율은 0.8%(여성 1.5%, 남성 0.1%)였고, 이는 공식 통계에 비해 실제 13배 이상[15] 발생하는 것을 보여주었다.

　그런데 이 피해조사의 2010년도 결과를 보면 피해율이 2.9%(여성 4.7%,

남성 0.9%)에 달했고 2013년도에는 피해율이 1.5%(여성 2.7%, 남성 0.3%)였다. 즉, 2010년도 이후 성폭력 피해율이 2.9% → 1.5% → 0.8%로 급감했음을 알 수 있다.[16] 물론 표본 수의 증가 등 방법론 적인 영향도 있을 수 있지만, 이처럼 급감한 결과는 사실 그 자체를 보여주는 게 맞다.

성인지 감수성(gender sensitivity), 대법원이 응답하다!

공식통계에서는 성폭력(성희롱 제외)이 급증하고 있지만 피해조사에서는 반대로 급감하고 있다. 이는 신고의 증가와 인식의 변화를 의미하며 곧 문화적 변화의 신호로 볼 수 있다. 비서 성폭행 혐의로 기소된 안희정 전 충남지사에 대해 2019년 9월 9일 대법원은 징역 3년 6개월 형을 확정 판결했다. 판결의 키워드는 '성인지 감수성'으로서 우리 사회의 문화적 변화에 대법원이 응답한 것으로 볼 수 있다.

인식의 변화는 제도의 변화를 가져오고 제도변화는 문화의 변화로 선순환 된다. 이제 우리 모두는 상대방의 성적 감정에 대해 공감하는 능력을 키워야 한다. 더 이상 자신만의 기준으로 피해자의 의도나 행실을 문제삼는 건 변명거리가 되지 못한다. 나의 감정이나 상황을 상대가 알아주기 바라듯 상대의 감정과 상황을 정확히 이해하려는 노력이 절실해졌다. 이 또한 양성평등으로 나아가는 긍정적 변화의 증거로 봐야 한다.

모두의 연대로 성폭력의 그림자를 떨쳐내자!

#미투 운동과 페미니즘은 서로의 자양분이 되어왔다. 우리 사회에서 성폭력을 근절하고 양성평등을 실현하기 위한 제도적 장치들을 이끌어냈다. 극단적인 성대결이라는 부작용을 초래하여 '혐오 공화국'이라는 표현까지 등장하였지만, 사실 성폭력은 급감하고 우리 국민 대부분은 양성평등을 지지하는 것으로 드러났다. 성인지 감수성이 성폭력 판단의 중요한 기준으로 인정받으면서 향후 양성평등 열차가 더욱 쾌속질주할 것으로 기대된다. 현재 진행 중

인 2019년 성폭력 피해조사 결과가 어떻게 나올지 모르지만 감소추세가 이어지길 바란다.

인간 사회에는 여러 가지 형태의 차별이 존재한다. 미국의 노예제도로 인한 인종 차별, 인도의 카스트제도로 인한 계급 차별, 일본의 제국주의 정책으로 인한 식민지 차별, 심지어 이슬람 국가들의 성 차별에 대해 우리는 공감하며 비판한다. 그러한 비판에 대해 혐오감을 드러내는 경우는 거의 존재하지 않는다. 그 이유는 우리와 무관하거나 관심이 없어서가 아니라 대부분 옳은 일이라고 생각하기 때문이다.

따라서 우리의 페미니즘과 #미투 운동에 대해서도 지나친 우려와 무조건적인 비난보다는 긍정적인 박수를 보내는 게 어떨까? 본질적으로 차별을 없애기 위한 옳은 현상이니까!

출처: 블로그 Justice for All.

생물학적인 성의 의미가 퇴색하고 있는 요즘 남성 대 여성, 여성 대 남성의 대결구도는 낡고 추잡한 것으로 치부해버리자. 대신 세련된 사회적 gender

개념을 받아들여 모든 성 정체성이 존중받는 모두의 연대를 이뤄내자. 그러면 자연스럽게 성폭력의 그림자도 자취를 감출 것이다. 이것이 바로 우리의 과오를 스스로 단죄하는 가장 좋은 방법일 것이다.

마약은 신의 선물인가, 악마의 약인가

마약은 신의 선물인가, 악마의 약인가

오늘날 마약을 공급하는 루트는 다변화되어 있고 거래규모가 커지며 광역적으로 이루어지고 있다. 심지어 끊임없이 신종 마약류가 만들어지고 이를 일일이 감시하는 것이 어려워지고 있다. 최근에는 나이트클럽 '버닝썬'에서 벌어진 폭행 사건을 빌미로 경찰 유착·마약·성범죄·조세 회피·불법 촬영물 공유 혐의 등을 아우르는 대형 범죄 사건이 발생하면서 마약에 대한 관심도 뜨거워졌다. 한국의 마약류사범은 1999년 처음 1만 명을 넘어섰다가 월드컵이 개최된 2002년에 수사당국의 강력한 단속의 영향으로 2006년까지 7천 명 수준으로 내리막을 걸었다. 2010년부터 1만 명 아래로 억제되던 것이 2015년 10,196명을 시점으로 다시 1만 명 선을 유지하고 있다.

마약류범죄는 "마약, 대마, 향정신성의약품에 대한 국가의 규제나 관리를 위반하는 행위와 그에 부수하여 규정한 금지조항을 위반한 행위"이다. 마약류범죄는 가해자와 피해자의 구별이 어려워 대부분 수사기관에 인지가 되지 않는 암수범죄가 되는 것이 대부분이고 현행범인 신고에 의해 수사가 진행된 경우가 10% 미만이라고 한다.[1] 또한 마약류범죄는 조직범죄, 광역범죄, 폭력조직 및 국제범죄조직과 연계되어 있는 복합범죄의 특성을 가지고 있다. 마약류 투약행위는 정신적·육체적 의존성으로 인해 범행을 반복하며, 마약류제조 및 매매행위는 막대한 불법이득의 유혹으로 인해 범행을 반복하게 되는 상습범의 성격을 가지고 있다.

우선 2019.1.1.~10.31. 10개월간 언론에 보도된 주요 헤드라인 뉴스 23개를 최근 보도내용부터 소개하면서 마약류범죄와 관련되는 문제점들을 상기하고자 한다. 군이 2019년으로 한정한 이유는 지면의 한계도 있지만 무엇보다도 최근의 보도들이 문제 상황을 일목요연하게 보여주기 때문이다.

- 마약에 빠지는 재벌가 자녀들 … "유학 중 또래문화처럼 시작" (뉴스1 2019.10.23.) 2019년에는 SK·현대·남양유업 3세들, CJ그룹회장 장남이 마약혐의로 조사받았고 근래에는 전 국회의원의 미성년 장녀가 위험성 높은 LSD 등을 밀반입하다가 긴급체포되었다.
- 마약탄 음료수 먹인 뒤 내기 골프쳐 1억여 원 편취한 2명 실형 선고 (시사뉴스 2019.10.22.)
- 고유정 사건 '졸피뎀' 등 5년간 4만 4천 개 마약류 분실 (뉴시스 2019.10.4.)
- 마약류 온라인 판매광고 적발 5년새 7.2배 ↑ … 수사의뢰 13.8%뿐 (아시아경제 2019.9.29.)
- 비아이, 마약 혐의 일부 인정 … 피의자 신분 전환 (매일신문 2019.9.18.)
- '아들 여친에게 마약 주사' 50대 구속 … 부인도 함께 투약 (이데일리 2019.8.31.)
- "대마 구해오면 성관계 유혹에 구입" 주장 … 法 "함정수사는 위법" (뉴스1 2019.8.31.) 이 사건의 경우 법원은 공소기각판결을 내렸다. 참고로, 2000년 국제조직범죄에 대한 유엔협약은 국제조직범죄에 대한 특수한 수사방법으로 통제배달, 전자감시, 잠입수사 제도 등을 규정하

면서 특히 국제적인 마약사범과 투쟁함에 있어 가장 효과적인 수사방법 중의 하나는 통제배달기법이라고 천명하고 있다고 한다.[2]

- "화물선에 코카인이 …" 경찰, 330만 명분 코카인 압수 … 사상최대 (투데이코리아 2019.8.29.)
- 새벽녘 수상한 운전 차량 … 잡고 보니 마약범 (MBN 2019.8.28.)
- '다크웹'서 마약 팔아온 40대 2심도 징역8 년 (파이낸셜 뉴스 2019.8.21.)
- 프로포폴 맞으려 수면내시경 수차례 받은 30대 … 징역형 (메디컬투데이 2019.7.31.) 프로포폴이 최초로 알려지게 된 시점은 한 유명 산부인과 의사가 내연녀에게 프로포폴 등의 약물을 혼합주사하여 사망에 이르자 시체를 유기한 사건이었다.
- 마약에 취해 자기 집에 불지른 50대 검거 (KBS 2019.7.15.)
- 농촌 빈집서 훔친 금품 팔아 필로폰 구입해 투약 (오마이뉴스 2019.6.17.)
- "재벌가 자제들이 마약상들 옥살이 도와준다" (시사저널 2019.5.20.)
- 졸피뎀 셀프처방해 복용한 간호사 징역형 (노컷뉴스 2019.5.1.) 졸피뎀은 보건복지부가 최면진정제로 분류하고 있고 처방전만 있으면 합법적인 복용이 가능하다. 이는 복용 후 일정시간 동안 복용자가 자신의 행동에 대한 기억이 상실된다는 점에서 환각상태에서의 성범죄 등 범죄 도구로까지 남용되고 있다.
- 마약사범 30% 인터넷 거래 … 2차 범죄도 속출 (연합뉴스TV, 2019.4.26.)
- '히로뽕' 대세인 가운데 '야바' 등 신종 마약 속출 (한겨레 신문, 2019.4.20.)
- 작년 필로폰 밀수 222kg … 전년도 보다 7배나 급증 (문화일보, 3.25.)
- 10대 마약사범 급증 … 대책마련 절실 (헤럴드경제 2019.3.16.)
- 물뽕, '약투' 살빼는 주사 불법유통 … '약몸살' 앓은 사회 (중앙일보 2019.2.14.)
- 술 빨리 취하려고 '웃음가스' 아산화질소 흡입한 20대 덜미 (국제신문, 2019.1.31.)
- 버닝썬 논란 키운 물뽕 … "입금 2시간 뒤 배달" 쉽게 구매 (한국일보

2019.1.30.)

■ '관광 시켜준다' … 혹해서 따라갔다 '마약밀수' 동원 (KBS 2019.1.22.)

이같은 언론의 헤드라인으로 확인할 수 있는 것은, 마약류를 구하기 위해 저지르는 범죄(절도)와 마약류복용으로 인한 범죄 내지 사건(방화, 사기도박, 운전)이 있으며, 마약거래가 쉽게 이루어지는 환경(인터넷, 다크웹, 신속배달), 그리고 단속의 법적 문제(함정수사), 마약류의 확산원인(미용, 가족의 종용, 의료기관의 약물관리, 관광), 마약불법거래의 규모 등이다. 이것이 마약류 현상의 전부는 아니지만 이러한 현상과 관련하여 우리가 질문할 수 있는 내용은 대략 다섯 가지가 될 것이다.

① 왜 시대에 따라 또는 문화에 따라 마약사범의 비율이 다른가?
② 왜 일부 개인들은 다른 사람들보다 마약범죄를 더 저지르는가?
③ 왜 마약범죄율은 연령, 성, 그리고 인종에 따라 다양한가?
④ 왜 일부 국가의 경우 코카인과 같은 마약(hard drug)은 범죄가 되고 마리화나(soft drug)는 허용하는 마약정책을 취하는가?
⑤ 마약범죄를 예방하기 위해서는 무엇을 할 수 있는가?

여기서는 왜 시대에 따라 마약사범의 비율이 다른가(①), 왜 마약범죄율은 연령과 성별로 다양한가(③), 우리나라도 마리화나는 허용할 여지가 있지 않은가(④)에 대해 살펴본다.

한국의 마약류사범은 어떻게 변화해 왔는가

마약은 인류의 역사 흐름을 따라 변천해 왔다. '신의 선물' 내지는 '필수적 의약품'으로 긍정적인 면이 부각되었던 때가 있었던 반면, '범죄의 온상'이라는 부정적 시각으로 판단되기도 하였다. 마약은 악마(魔)의 약이 아니라 마비시키는(痲) 약이라는 상당히 중립적인 뜻의 단어이다. 그러나 마약류 복용은 단지 한 개인의 문제가 아니라 그들이 속한 사회공동체 자체의 파괴를 야기할 수 있는 중대한 범죄이다.

사회를 오염시키고 병들게 하는 마약류는 역사적으로 어떻게 평가되었을까? 알코올 그 외에 의존성약물이나 기호품은 일반적으로 (i) 종교적 사용이 발단이 된, 즉 「성스러운 것」으로서 사용되었고 (ii) 이어 의약품으로 생각되었고, (iii) 사교적 용도로 사용되었다가 (iv) 단순한 치유로 변하였고 (v) 악덕 또는 비합법적인 행위로 되었다가 (vi) 최후에는 사용자체가 질환으로 여겨지게 되었다는 점에서 도박과 유사한 경과를 거쳤다고 볼 수 있다.3)

청나라 아편전쟁의 역사적 사실에 비추어 '중국'하면 '아편'이 연결되지만 아편은 초기 중국의 여러 계층에 퍼지지 못하였고 그 비용을 감당할 수 있는 상류계급만이 주소비층을 이루고 있었다. 아편을 복용하는 방법도 맨 처음 사용된 방법은 먹는 것이었고 이것은 아주 적은 수의 사람들만이 중독되었다는 것을 의미한다. 하지만 유럽으로 전파되면서 새로운 소비형태인 흡연이 탄생했다. 그 밖의 부유한 사람들은 첩들에게 성적인 복종과 도망방지 차원에서 아편을 자주 사용했다.4)

아편이 전혀 비난받지 않고 통용되던 시기인 18세기 말부터 19세기 초엽에 아편으로 발생하는 감각의 뒤틀림은 음악, 미술, 건축에 영향을 주었으며 특히 낭만주의문학을 발전시키는 데에 큰 역할을 하였다. 예를 들면 낭만주의문학의 핵심은 상상의 부활에 있었다(토마스 드 퀸시─환상의 추적자, 조지 크래브─죽음의 유령, 새무얼 콜리지─허황된 꿈의 창고, 존 키츠─잠을 초대하는 진통제, 월터 스콧─저주받은 우울증, 에드가 알렌 포─파괴적인 운명). 아편을 복용한 자에게는 밀폐된 공간 안에 있는 촛불이 발리춤을 추는가 하면 놋쇠사발에 떨어진 작은 핀 하나가 천둥소리를 지르기도 하는 등 감각이 뒤틀리며 모든 것이 분명한 현실처럼 다가온다고 한다.

해방 이후 한국의 마약문제는 시대에 따라 그 종류를 달리하며 꾸준히 사회문제로 부각되어왔다. 한국의 마약통제는 1946년 미군정법령 제119호 '마약취체령(痲藥取締令)'을 시작으로 1957년 '마약법' 제정을 통해 아편을 비롯한 마약 관련 규제법규의 독립과 통제기준이 마련되었고, 1970년 '습관성의 약품관리법'과 1976년 '대마관리법', 1979년 '향정신성의약품관리법' 제정을 통해 그 통제범위가 더욱 확장되었다. 그러다가 2000년부터 마약류관리에 관한 법률로 통합되었다.

한국내 유통 마약류로는 50−60년대는 아편류(阿片類) 등이, 70년대에는 대마(Cannabis)가, 80년대 이후부터는 메스암페타민(Methamphetamine, 필로폰 또는 히로뽕)이 주종을 이루고 있다.[5] 메스암페타민은 결정체·가루·액체 형태의 것이 있으며, 우리나라에서는 '히로뽕', '필로폰', '백색의 유혹', '백색 가루'로도 불리며, 불법사용자들 사이에서는 '뽕', '가루', '술', '크리스탈', '물건' 또는 '총'으로 불리고 있다. 미국의 경우 결정체는 'Ice', 가루·액체형 태는 'speed'로 각 호칭하며, 일본에서는 '각성제', 필리핀에서는 '샤부(shabu)', 대만에서는 '아미타민' 등으로 호칭하고 있다.

대마의 약효에 대하여는 B.C. 2737년 중국의 신농(神農) 황제시대의 기록에 나타나고 있고, 중국에서는 말라리아, 류머티즘, 각기병, 변비 등의 치료와 섬유용으로 사용되었으며 도취감을 얻기 위한 용도로의 사용은 금지되었다. 흡연용으로 대마초가 우리나라에 전파된 것은 월남전이 한창이던 1965년 이후부터이다. 대마는 대마초, 헤시시, 헤시시오일의 형태로 구분되는데 이중 1970년대 대마초의 소비와 확산을 살펴본다. 조석연의 2017년 논문은 1970년 대 '대마초현상'의 성격과 원인을 상세하게 분석하고 있다.[6] 국내에서 환각을 위한 도구로서 대마흡연 사례가 처음 등장하기 시작한 것은 대체로 1960년대 중반부터라고 볼 수 있는데 기록을 통해 보면 파주지구 주한미군에 의해서였고 대마의 주요 소비층도 대부분 주한미군들이었다.

대마초는 당시 섬유용 특용작물로 재배가 용이하였다는 점, 제조방법이 간단하고 마약과 흡사한 효력이 발생한다는 점 외에 무엇보다도 가격이 저렴하고 흡연을 위한 다른 기구가 필요 없다는 점 때문에 주한미군 관련 종사자 뿐 아니라 여고생 및 여대생 등 젊은 여성들은 물론이고 비교적 교육수준이 높은 20대의 학생과 직장인 등 다양한 계층에서 흡연되었다. 대마초가 청소년 및 학생들에게 번져 이것이 심각한 사회문제로 공론화된 것은 1970년 4월경에 일어난 고등학생들의 조직적인 범죄사건이 대마흡연에서 비롯되었다는 사실이 언론을 통해 보도되기 시작하면서부터였다. 종로경찰서는 고등학생들로 구성된 일명 '허리케인파' 12명을 범죄조직단체 구성 혐의로 검거하였는데 이들은 폭력, 절도 등의 범죄를 하기 전, '해피스모크'로 불리던 대마담배를 피웠다고 자백하였다. 실제로 이들은 "대마를 흡연하면 정신이 몽롱해지고 무아지경에 휩싸여 행동이 대담해져, 무슨 일이든 저질러보고 싶은 생각이 솟아난다"고 경찰에 진술하였다.

당시 청년층을 중심으로 대마초가 유행하게 된 배경적 측면으로는 첫째, 당대 새롭게 등장하기 시작한 청년들의 생활문화와 관련이 있는데 1970년대는 한국경제의 고도성장과 함께 장발, 통기타, 청바지, 생맥주 등으로 대표되는 새로운 생활양식(이른바 '청년문화')이 나타나기 시작하였다. 둘째, 1960－70년대 산업화에 따라 한국의 경제규모가 커지면서 청년층도 나름의 구매력을 가진 소비계층으로 성장하였고, 세 번째, 미군부대를 중심으로 확산되었다는 것과 관련하여 미군들과의 접촉이 상대적으로 빈번한 젊은 세대에서의 대마소비를 불러왔다는 점을 들고 있다.

20년간 마약류사범별 검거현황(경찰백서 기준)을 보자. <표 1>에서 2017년도를 기준으로 마약류사범별로 나누어 살펴보면, 마약이 20년 전인 1998년도에 비해 2.7배(485 → 1,316) 증가하였고 향정신성의약품사범(이하 '향정사범')은 2.6배(2,468 → 6,527)로 현격하게 증가한 것을 볼 수 있다. 특히 향정사범은 동기간 대비 1998년 63%에서 2017년 73.4%를 차지하고 있다. 20년 평균 향정사범이 차지하는 비율인 69.2%보다도 2017년은 73.4%로 4.2%가 더 높다. 즉 2017년은 향정사범의 비율이 매우 높은 편임을 알 수 있다. 그러나 대마의 경우는 1998년 959명에서 2017년 1,044명으로 큰 변화가 없다고 말할 수 있다.

[표 1] 1998~2017 마약류사범 검거 평균 및 마약류별 비율

	마약	대마	향정	계
1998	485	959	2,468	3,912
2002	763	1,302	3,529	5,594
2007	767	848	5,519	7,134
2012	501	673	3,931	5,105
2017	1,316	1,044	6,527	8,887
5년치 평균	766.4	965.2	4,395	6,126.6
20년치 평균	847.1	971.3	4,095	5,913.4
20년평균 비율	14.3%	16.4%	69.2%	100%

출처: 경찰백서 2008과 2018에서 정리한 것으로 원래 20년치의 통계 중에서 추이를 쉽게 보
기 위해 5년 단위로 편집한 것임. 경찰백서는 홈페이지에 2008년 이후 것만 자료실에
있음.

참고로 5년치 평균과 20년치 전체평균을 비교하면, 마약의 경우 20년 평
균치가 약 81명이 더 많고, 향정사범은 300명이 더 적다. 물론 정확한 것은
전체수치에 근거한 평균이다. <그림 1>은 1998－2017 20년간 마약류사범
검거현황 추이를 나타낸 것이다. 20년간의 통계를 편의상 10년 단위로 나누
어, 즉 2007년 전후로 양분하여 분석해보면 2007년 현재는 1998년에 비해 마
약사범이 1.58배 (485 → 767) 증가한 반면, 향정사범은 2.23배 (2,468 →
5,519)로 급격히 증가하였음을 알 수가 있다.

마찬가지로 2008년 이후 2017년까지의 통계를 살펴보면, 2017년은 10년
전에 비해 마약사범이 1.09배(1,208 → 1,316) 증가한 반면 향정사범은 1.35배
(4,826 → 6,527) 증가로 향정사범의 증가율이 10년 단위로 보아도 더 높은 것
을 확인할 수 있다. 향정신성의약품 사범은 2017년 기준 전체 마약류사범의
73.4%를 차지하고 있는데, 이는 2004년 향정사범이 68.6%였던 것과 대비된
다.

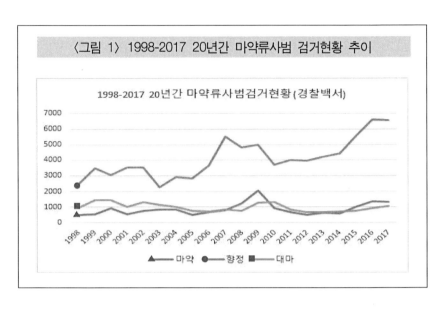

〈그림 1〉 1998-2017 20년간 마약류사범 검거현황 추이

경찰백서는 경찰의 검거현황만을 담고 있으므로 대검찰청에서 발간하는 마약류범죄백서를 통해 최종적인 수치를 알 수 있게 된다. 송광섭(2001)에 따르면 1988년에 마약류사범 단속인원이 약 4,000명이었고, 1989년 이후 일시 감소세를 보여 왔으나, 1995년부터 증가세로 전환하여 1999년부터 2002년까지 4년 연속 1만 명을 상회하였다. 경찰단속 결과를 포함한 검찰의 단속을 기준으로 보면, 마약류별 단속현황은 1997년 6,974명에서 1999년 10,589명, 2000년 10,304명, 2001년 10,102명으로 1999년에 급증하였다.

「2018 마약류범죄백서」를 기준으로 마약류사범별 추세는 다음과 같이 요약되며 <그림 2>의 내용을 참고하면 된다.

(1) 마약사범은 2010년도부터 2014년도까지 700여 명 전후 수준이었으나, 2015년 1,100여 명, 2016년 1,300여 명, 2017년 및 2018년 1,400여 명 선으로 대폭 증가하였다. 이는 농촌, 산간 및 도서지역 등의 고령층 주민들이 관상용, 가정상비약 및 가축의 질병치료 등 용도에 사용할 목적으로 양귀비를 밀경작하고 이를 집중 단속한 결과로 분석된다.

(2) 향정사범은 2008년도부터 2013년도까지 8,000여 명 이하로 적발되다 2014년 8,100여 명, 2015년 9,600여 명, 2016년 11,300여 명으로 계속 증

가추세를 보이다가 2017년도에는 10,900여 명, 2018년 9,600여 명으로 감소하였다.

(3) 대마사범은 2010년도부터 2012년도까지 소폭 감소하고 2013년도부터 2015년까지 1,100여 명 선으로 억제되다 2016년 1,435명, 2017년 1,727명으로 다시 증가하였다. 2018년은 1,533명으로 주춤해졌다.

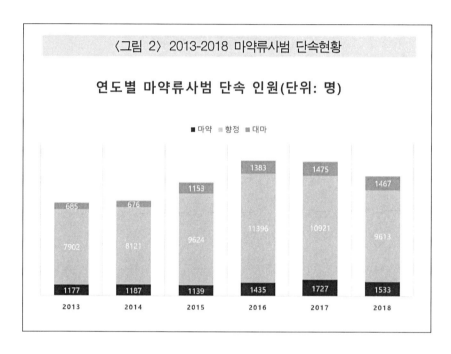

〈그림 2〉 2013-2018 마약류사범 단속현황

연도별 마약류사범 단속 인원(단위: 명)

종합하면 1999년에서 2002년까지는 IMF 경제위기와 관계가 있어 총단속인원은 마약류범죄백서를 기준으로 4년간 1만 명을 상회하였다. 2003-2006년 4년간은 7천여 명 선을 유지하다가 2009년 다시 1만여 명을 상회하였고 2011-2014 4년간은 1만 명 이하로 억제되었다. 마약류사범은 2015년에 역대 최다인 11,916명에 이르렀고 2016년 14,214명, 2017년 14,123명으로 2년 연속 14,000명을 상회하다가 2018년 12,613명으로 감소하였다. 마약전과자 외에 일반인도 인터넷이나 SNS를 통해 마약류공급자와 매매가 용이해지면서 소비가 증가한 것으로 풀이된다.

세계마약류 범죄동향(UNODC 'World Drug Report, 2018')에 따르면 2016년 기준, 전 세계 성인인구(15세-64세)의 5.6%인 약 2억 7,500만 명이 적어도 한번 이상 마약류를 투약한 경험이 있는 것으로 추정된다. 이 중 3,100만 명이 약물사용장애를 겪고 있다. 세계 주요 다크넷시장의 게시물 중 60%가 마약류, 마약관련 화학물질, 불법 의료용 마약에 관련된 것으로 조사되었다. Dark net이란 일반 검색엔진으로는 검색이 불가능한 인터넷 공간으로, 마약·무기·음란물 등의 암시장으로 악용되고 있다. 이와 관련하여 2019. 4. 개정된 마약류대책협의회 규정(국무총리훈령)은 마약류대책협의회에 참여할 부처로 방송통신위원회를 추가 지정하였다. 마약류대책협의회는 마약류문제에 대한 관련 기관간 협조체제를 구축하고, 마약류문제에 대한 대책을 종합적으로 협의·조정하기 위한 총리산하 기구다. 대책협의회 의장은 국무조정실 사회조정실장이 맡고 기획재정부·교육부·외교부·법무부·행정안전부·보건복지부 등 관계부처 국장급 공무원들이 위원으로 참여한다.

마약류사범의 특징을 읽는다

1997-2001년의 5년간 분석자료와 2009년 자료의 비교는 흥미롭다 직업별로는 무직이 34.9 → 39.3%, 유흥업종사자가 9.0 → 8.7%이다. 특히 의료인 수가 급증하고 있고 연예인과 주부 등도 증가하고 있다. 의료인 수가 2.5 → 3.3%로 급증하고 있는 것은 의료기관에서 마약취급자 아닌 자가 마약관리를 하는 등의 행정법규를 위반한 경우가 많기 때문이다. 그러나 일부 의료인 등은 상업적인 관점에서 마약류를 공급하기도 하고, 자기 자신이 직접 투약하고 의료행위를 하는 경우도 있다. 연예인의 경우(0.3 → 0.4%)는 직업의 특성, 즉 마약류공급업자들이 주로 활동하고 있는 유흥업소 출입이 일반인보다 상대적으로 많아 마약류와 접할 기회가 많기 때문으로 보인다.

연령별 동향은 전체 연령층 중 20-40대의 청장년 층이 85.6%로 대다수를 차지하고 있는데, 이러한 현상은 사회적으로 활동이 왕성한 시기이고, 경제적으로 안정되는 시기인 점에 기인하는 것으로 보여진다.

사범별로 볼 때 대마의 경우는 20대를 전후한 연령층에서 선호 내지는 남용하고 있다. 마약의 경우는 50대 이상의 연령층이 63.0%를 차지하고 있는데 이는 이 연령층이 직접 사용하기보다는 가정상비약이나 수의약품으로 사용하기 위하여 양귀비를 소량으로 밀경작하다가 적발되어 마약류사범이 되었기 때문으로 판단된다. 20세 미만인 경우는 전무한 것으로 나타나고 있는데 마약이 고가이기 때문에 청소년의 경우는 구입이 용이하고 저렴한 본드나 부탄가스 등의 유해화학물질을 흡입하는 등 그 남용문제가 심각하게 발생되고 있다.

2009년 현재 69.6%가 향정사범으로 대마사범이 18.9%, 마약사범이 11.5%를 점유하여 필로폰이 국내의 주종마약임을 알 수 있다. 투약사범이 64.6%를 차지하고 있다가 2018년은 49.0%로 여전히 주류를 이루고 있다. 직업별 실태는 무직이 30.7%, 농업 7.2%, 노동 4.4%, 유흥업종사자 2.2%로 과거보다는 비교적 골고루 분포된 점과 유흥업종사자의 비율이 크게 떨어진 것이 특색이었는데, 2018년 직업별 실태는 무직이 31.1%, 농업 0.3%, 노동 3.4%, 유흥업종사자 0.9%로 농업과 유흥업종사자 비율이 크게 떨어졌다.

연령별 실태를 보면 2009년은 10대 및 5,60대를 제외한 전연령층에 골고루 분포되어 있고, 특히 30대의 점유율이 30.0%로 가장 높게 나타나고 있다. 2018년의 연령별 실태로는 40대의 점유율이 26.2%로 30대의 점유율 23.8% 보다 높게 나타나고 있다. 40대의 점유율은 2014년에서 2016년까지 30%를 상회하다가 2017년 27.8%로 감소한 것으로 계속 30대보다 높았다.

성별 실태는 매년 남녀비율이 85.7:14.3 정도의 수준을 유지하고 있다가, 2003년부터 여성점유율이 증가하는 추세이다. 여성비율은 2015년 19.1%, 2016년 20.4%, 2017년 21.4%, 2018년 21.6%를 차지하고 있다.

19세 이하 청소년 마약류사범은 2006년 57명, 2007년 65명, 2008년 45명, 2009년 203명, 2010년 113명으로 2009년에 급격히 증가하였다. 2014년은 102명, 2015년 128명, 2016년 121명, 2017년 119명, 2018년 143명으로 거의 120명 수준으로 검거되고 있다. 마약보다는 저렴한 향정사범과 대마사범이 주를 이루는데 이는 10대에 유학생 신분으로 외국에서 마약류를 접한 경험을 가진 청소년들이 유통경로를 알고 있기에 손쉽게 구입이 가능한 것으로 보인다.

향정사범은 1995년 이래 점유율이 50%를 상회하기 시작하여 2011년도부터 2017년도까지 증가추세였고, 2018년 기준으로 전체 마약류사범의 76.2%로 국내 주종 마약류임이 확인되고 있다. 2017년 전체 단속범 중 경찰단속 인원은 59.7%를 차지한다. 이는 2009년 62.4%, 2012년 51.5%, 2015년 57.7%와 크게 다르지 않다.

향정사범 중 각성제인 메스암페타민에 대해 자세히 살펴본다. 이것은 1888년 일본 도쿄대학 의학부 나가이 나가요시(長井長義) 교수가 천식치료제인 마황(麻黃)으로부터 에페드린을 추출하는 과정에서 처음으로 발견한 물질이며, 1893년 최초로 합성에 성공하였다. 메스암페타민은 일본의 대일본제약회사가 '히로뽕'(영문상품명 Philopon)이라는 상품명으로 잠을 쫓고 피로감을 없애 주는 각성약물로서 판매하였으며, 당시 상품명 '히로뽕'은 지금까지 메스암페타민을 지칭하는 용어로 그대로 사용되고 있다. "사람들은 왜 히로뽕을 사용할까?"라는 질문에는 우스개 소리로 "일을 좋아하니까"라고 한다. 'Philopon'은 '일(pon)을 사랑한다(philo)'는 의미의 희랍어 'Philoponos'에서 유래되었다. 피로(疲勞)의 일본발음은 히로, 빵 날린다의 뽕, 즉 '피로를 빵 날린다'고 이야기한다. 일본의 경우 단순 각성약물로 판매되던 '메스암페타민'이 전쟁 중에는 군수용품으로 대량생산되어 군인 및 군수공장 등지에서 일하는 노동자들의 피로회복과 전투의욕, 작업능력, 생산능력 등을 제고하는 수단으로 악용되었다.[7] 히로뽕 남용은 3차의 기간으로 나뉜다. 제1차 남용기는 종전 후 민간에 대량 유출되어 1955년경까지이다. 제2차 남용기는 1970년경 시작되는데 폭력단이 자금원으로서 각성제의 밀수·밀매에 손을 댄 시기이다. 현재는 제3차 남용기로 잠잠했던 각성제가 다시 남용되기 시작한 원인을 접근의 용이성으로 보고 있다.

한편 국내 메스암페타민 밀조조직 등은 일본 등 외국을 대신할 새로운 판매처로 국내시장을 개척, 판매망을 구축함으로써 1980년대 후반 이후부터 국내에서의 메스암페타민 투약자가 급격하게 증가되었다. 1995년도 이후 강력한 단속을 피하기 위하여 단속이 다소 허술한 중국 등 제3국으로 도피한 국내 제조기술자들이 중국 내 메스암페타민 밀조·밀수조직과 연계하여 대규모로 메스암페타민을 제조하여 국내로 밀반입하기 시작함으로써 한국은 종래의 마약 밀수출국에서 마약 밀수입국으로 전환되었다.

1990년대 후반부터는 외국산 메스암페타민이 밀수입되고 있으나 최근 감기약 등 일반의약품에서 메스암페타민 원료물질을 추출하는 제조법이 인터넷으로 유포됨에 따라 소규모 메스암페타민 밀조사건이 발생하고 있다.

한국은 마약의 안전지대인가

한때는 한국이 비교적 마약퇴치에 성공한 '마약의 안전지대'였다. 그 근거는 국내 마약류 밀제조 근절, 마약류거래의 중간경유지 내지 세탁지로 이용되는 사례 증가, 조직폭력배의 마약류범죄 본격 개입 차단, 청소년 마약사범 미미, 고가의 마약류 밀거래 가격유지, 마약류에 대한 국민들의 경각심 고조 등이었다. 그러나 마약류 밀거래 가격이 하락되면 마약류 판매방식이 특정 소수의 고객 상대에서 불특정 다수의 고객 상대로 전환되고 마약류 구매능력이 거의 없는 10대 청소년 및 빈곤계층까지 마약류를 구입·남용할 수 있게 됨으로써 마약류 투약계층의 저변이 급속도로 확산되는 결과를 초래할 수 있다.

보다 구체적으로 살펴보면, 1980년대 후반까지는 한국내 제조기술자들이 메스암페타민을 대량으로 밀제조한 후 외국 특히 일본으로 밀수출하는 사례가 많았다. 1982. 7.「한일마약대책회의」를 신설하여 일본 내 밀수출 조직에 대한 집중적인 국제공조수사 활동을 전개한 결과 1990년도 이후 일본에 밀반입된 메스암페타민 중 한국산은 한 건도 없다는 일본측의 공식발표와 함께 마약 밀수출국이라는 불명예에서 벗어나게 되었다.

한국이 마약류생산·남용국가가 아니라는 호평을 국제사회로부터 얻게 되자 콜롬비아, 태국, 중국, 일본, 대만 등의 국제마약공급조직은 마약류와 마약원료물질을 밀수하고 마약자금을 세탁하기 위해 한국을 그 중간경유지로 이용하였다. 1999.7.경에는 콜롬비아와 이탈리아 마약공급조직원들이 공모하여 미국 내에서 헤로인 9.75kg을 판매한 대금이 포함된 불법자금 3,000만 달러를 한국 내 은행을 이용하여 세탁한 사례가 적발되기도 하였다. 즉 한국이 마약류밀거래 경유지·세탁지로서 이용되었던 것이다.[8]

그리고 한국의 폭력조직은 외국의 기업형 국제조직범죄단체(마피아, 삼합회, 야쿠자 등)와 달리 소규모 폭력조직으로서 마약범죄에 개입하는 것을 금기사항으로 여겨오다가, 최근에는 이들의 전통적 자금원이었던 유흥업, 사행성 오락실, 사채업, 도박장 등에 대한 지속적 단속으로 자금원이 차단되자 조직자금을 확보하기 위해 마약거래에 개입하는 것으로 나타났다. 2001년을 기준으로 조직폭력배의 마약류 개입범죄는 향정신성 의약품 관련사범에 치중되어 있으며 전체 마약류사범에서 차지하는 비율은 0.3%로 미미하다.

한편 최근 신종 마약류의 압수량은 증가추세에 있다. 암페타민류 각성제(ATS)는 합성마약류로 사실상 어느 곳에서나 제조가 가능하며, 헤로인, 코카인처럼 식물에서 특정 물질을 추출하거나 특정 조건에서 식물을 재배할 필요가 없어 원격감지 기술 등으로 위치를 알아낼 수 있는 식물성 마약제조시설보다 적발이 더 어렵다. 소량의 ATS는 간단한 제조법(Recipe)을 이용해 소위 '키친 랩(Kitchen Lab)'이라고 불리는 소규모 밀조시설에서 만들 수 있다.

신종 향정물질(NPS)은 2009년까지 확인된 수가 166개에 불과하였지만 2018년 말까지 확인된 수는 892개이다. 이중 합성 NPS가 868개이다. 유럽이나 북미 등에서 남용되던 신종 마약류인 MDMA, LSD, YABA는 압수량이 감소하는 추세였다. MDMA는 1914년 독일 의약품회사에서 식욕감퇴제로 최초 개발된 이래 강력한 환각성분으로 인한 뇌손상 유발 등 심각한 부작용을 초래하여 시중유통이 금지되었음에도 1980년대 이후 환각제로 둔갑하여 전세계적으로 널리 남용되고 있다. MDMA의 별칭으로는 Ecstasy, XTC, Adam, Eve, Clarity, Decadence, M&M 등이 있는데 우리나라에서는 엑스터시, 도리도리 등으로 통칭되고 있으며, MDMA를 복용하면 신체접촉 욕구가 강하게 일어나는 관계로 기분이 좋아지는 약(feel good drug), 포옹마약(hug drug)으로도 지칭되고 있다.

LSD(Lysergic Acid Diethylamide)는 1938년 스위스 화학자 Albert Hofmann에 의하여 최초로 합성된 무미, 무취, 무색의 환각제로 종이 또는 정제에 LSD용액을 흡착시켜 사용하는 것이 일반적이다.

야바는 세계 최대 마약밀매조직인 '쿤사'가 개발한 것으로 태국에서는 '말처럼 힘이 솟고 발기에 좋은 약'이라고 해서 'Horse Medicine'으로 통용되고 있다. 그 동안 태국과 일본, 호주 등에서 청소년층과 격무에 시달리는 회사원들을 중심으로 남용되다가 2000년도부터는 국내에서도 남용사례가 적발되고 있다. 한번 복용하면 3일간 잠을 자지 않을 정도로 환각효과가 강하며 중독성도 강하다. 노란색이나 붉은 색을 띠고 정제나 캡슐형태여서 의약품으로 위장하기도 쉽고, 주사기가 필요 없어서 복용도 간편하며 무엇보다도 가격이 저렴하다. 국산 마약류 밀반입량이 큰 폭으로 증가함에 따라 마약류 남용계층 또한 과거 전통적 취약 직업군에 속하던 무직자, 유흥업종사자, 자영업자 뿐만 아니라 상대적 건전계층인 회사원, 학생 등으로까지 확산되었다.

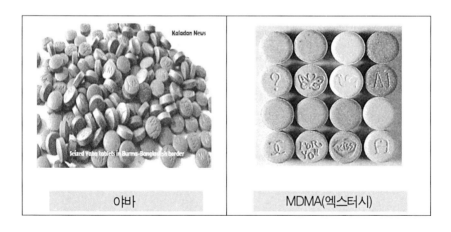

| 야바 | MDMA(엑스터시) |

그리고 마약류 공급선이 다변화되어 왔는데 2003년도에 중국으로부터 밀반입된 메스암페타민은 국내 밀반입량의 90% 이상을 차지하여 중국이 대한국 마약류의 핵심 수출국임을 반영하고 있다. 2003년도에 나이지리아에서 대

마초 15kg, 캐나다에서 LSD 900정, MDMA 745정, 미국에서 코카인 905kg이 밀반입되는 등 북미의 주종 마약류도 밀수입되었다. 또한 2002년도에 러시아에서 최초로 MDMA 38,637정이 밀반입되었고, 네팔에서 헤시시 2kg이 밀반입되는 한편 남아프리카공화국에서 대마초 137.5kg, 방글라데시에서 헤로인 1.1kg, 브라질에서 코카인 1.2kg이 각 밀반입되는 등 마약류 공급선이 다변화되고 있다.

마약범죄의 중대성은 어떻게 볼 것인가

보통 범죄의 중대성을 측정할 때 네 가지를 고려할 수 있다. 피해(harm), 피해자의 지위, 가해자의 지위 또는 특성, 모든 도덕적 판단이다. 마약과 관련하여 특히 고려해 볼 것은 피해의 유무이다. 마약 관련 범죄행위가 끼친 피해의 객관적인 수준은 무엇인가? 피해는 있지만 범죄가 아닌 흡연과는 어떻게 다른가?

형법적 시각에서 범죄는 ① 본래 범죄(mala in se)와 ② 금지된 범죄(mala prohibita)로 나눌 수 있는데 본래 범죄란 정치 또는 경제적 체계를 고려하지 않고 전세계적으로 그 자체가 나쁜 것으로 여겨지는 행동이고, 금지된 범죄란 금지되었기 때문에 나쁘게 되는 행동이다. 금지된 범죄는 시대와 문화에 기속되는 것이다. 마약은 이중 후자에 속한다고 볼 수 있다. 범죄와 약물간의 관계에 대해 직접적인 인과관계는 아직 밝혀진 바가 없지만 두 관계를 이해하기 위해서는 상호 관련되어 있는 네 가지 상황을 살펴볼 필요가 있다.[9]

첫 번째 상황은 정신생리적(psychophysiologic) 성질과 관련된다. 코카인, 크랙, 암페타민, LSD, 대마초, 알코올 등과 같은 물질들은 긴장감을 풀어주고 흥분상태를 유발하기 때문에 종종 복용함으로써 범죄행위가 표출될 수 있다.

두 번째 상황은 헤로인과 같이 중독성이 강한 정신활성물질을 복용함으로써 유발되는 약물 의존성에 원인이 있다. 헤로인, 코카인, 크랙 같은 약물들은 가격이 비싸기 때문에 약물에 중독된 복용자들은 약값을 구하기 위해 범행을 저지르게 된다.

세 번째 상황은 약물중독자 주변환경의 사회적 역학과 관련되어 있다. 중독자는 마약의 소비와 구매 및 여러 불법거래를 통해 블랙 이코노미(지하경제)에 참여하게 된다. 블랙이코노미에서는 '강자의 법칙'이 모든 것을 지배한다. 한번 '마약밀매'를 통해 쉽게 돈 버는 재미를 느끼게 되면 아예 이 환경에 정착해버리고 이 상황을 유지하기 위해 계속해서 불법적인 수단을 사용할 수밖에 없게 된다.

네 번째 상황은 범죄행동과 약물중독에 공통되는 정신과정인 의존증으로서의 '조정'과 관련되어 있다. 의존증은 정신적 방어, 행동, 부정, 폭력, 마조히즘의 형태로 나타난다. 심리적 균형을 충분히 뒷받침해줄 수 있는 자기애적 지지대를 필요로 하는 주체는 불완전한 내부현실을 모면하기 위해 외부현실에 에너지를 과투여한다. 결국 범죄 및 일탈 행동은 내부의 불완전함을 대체해주는 수단으로 주체의 심리 균형 유지에 필수적이다.

마약류 전망 및 연성마약 정책에 대한 논의

향정사범은 앞에서 보았듯이 1995년 이래 점유율이 50%를 상회하기 시작하여 2011년도부터 2017년도까지 증가추세였고, 2018년 기준으로 전체 마약류사범의 76.2%로 국내 주종 마약류의 지위를 지속할 것이 틀림없다. 또한 2017년 전체 단속범 중 경찰단속은 60% 내외를 차지하고 관세청 감시조사인력의 충원에 따라 전체 검거율도 높아질 것이다. 2019년 5월 식약처와 경찰청이 합동으로 조사해 발표한 바에 따르면, 온라인상 불법 마약류 판매광고 단속결과 삭제된 마약판매 게시글 약 20만 건 중 가장 많은 것이 GHB('물뽕', 49%), 그 다음이 필로폰(29%)과 졸피뎀(11%)의 순이었다. 인터넷 판매를 포함하여 국산 마약류 밀반입량이 큰 폭으로 증가하면서 마약류 남용계층에는 취약 직업군과 상대적 건전계층 구분의 의미가 사라져갈 것이고 마약류 공급 선의 다변화 현상은 극복하기 어려울 것이다.

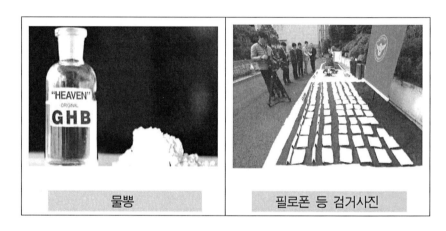

| 물뽕 | 필로폰 등 검거사진 |

히피문화의 상징인 대마초 규제의 위헌 여부에 대해서는 꾸준히 헌법적 판단을 요구하고 있다. 헌법재판소는 2010년 대마초 흡연을 금지하고 있는 마약류관리에 관한 법률 규정에 대한 헌법소원에 대하여 대마의 의약적 효과를 부정하거나 의학적 사용 자체를 금지하는 것은 아니고 … 당해 조문은 일반적 행동의 자유를 침해하지 아니하며 책임과 형벌 간의 비례원칙이나 평등원칙에 위반되지 아니한다는 이유로 2004년 및 2005년 결정에 이어 또다시 합헌결정을 하였다.[10] 과연 대마초는 어느 정도의 의존증과 환경적 요인에 좌우될 것인가? 사용 등을 불허하는 가장 큰 이유가 위험성, 위해가능성 및 중독성인가를 살펴보아야 한다. 마약의 단순사용에 대한 비범죄화 주장은 술이나 담배처럼 판매 허가제를 실시하면 규제를 가할 수 있고 개인적 사용은 형법으로 규율할 필요나 정당성이 인정되지 않는다는 주장이다. 그러나 역사 및 경험적으로 마약은 초동단계에서부터 강력 제지함이 타당하다고 보면서도 마약의 단순투약자에 대한 처벌은 법정책학적 문제로 접근할 필요도 인정하는 견해도 있다.[11] 마약출처에 대한 정보제공, 치료의사 등 개전의 정이 있을 경우 적극적

인 치료 및 보호처분 등으로의 대체방안이 강구되어야 한다는 것이다.

처벌반대의 입장으로는 대마보다 더 해로운 알코올이나 담배는 아무런 법적 제재를 받지 않는 점에서 차별대우이고 헌법상의 평등권 조항에 위배되는 것이라는 주장이 있다. 대마의 합법화를 주장하는 자들은 주로 대마의 유해성에 대하여 아직까지 믿을만한 의학적 증거가 없다는 점을 그 논거로 들고 있다. 그 외에 법경제학적 관점에서 과범죄화로 인한 교정수용시설의 과밀화 해소도 있고, 사회에 대한 위해가능성이 상대적으로 낮은 연성마약류에 대해 국가가 정당한 또는 일관된 처벌논거없이 국가의 이익 여부에 따라 마약류 정책을 유지해왔다는 비판이 있다. 요약하면 합법화와 비형벌화의 논거는 합법마약은 추적과 통제가 용이하고, 합법적 마약판매로 세금부과가 가능하며, 일부 사람은 금지된 것에 매력을 느끼므로 합법화는 이러한 수요를 감소시키고, 마약거래자와 사용자는 형사제재에 거의 개의치 않으며, 마약사용은 궁극적으로 개인선택의 문제가 되어야 한다는 것이다. 여기서 합법화와 비형벌화의 차이는 합법화가 문제되는 마약의 사용이나 소지에 대해 모든 법적 비난을 없애는 것이라면 비형벌화는 마약사용과 관련된 형벌을 줄이지만 완전히 제거하지는 않는 것이므로 마약은 "불법일 수 있으나 소지위반은 교통위반처럼 취급되어 신체적 손실은 없는 것"을 의미하게 된다.

이에 대해 마약형법의 비범죄화는, 통상 비범죄화론에서 보는 바와 같이 가치관의 변화나 형사정책의 변화 등으로 구성요건의 삭제 내지 축소를 주장하는 것이 아니라, 개인 남용의 경우를 처벌하지 않던지 행정벌로 다스리자는 견해라는 점에서 차이가 있다고 주장하기도 한다.12) 이에 따르면 법률적으로는 금지하되 사실적으로는 기소유예, 선고유예, 그리고 집행유예 등의 방법으로 비범죄화를 하고 그 대신 가벼운 치료프로그램으로 대체하는 것이 바람직하다고 주장한다. 헌법재판소는 과학적 근거를 바탕으로 하여 대마는 0.1mg만으로도 환각상태를 일으킬 수 있는 THC 성분을 함유하고 있고, 흡연 후 운전시 사물인지능력과 판단능력이 둔화되어 일반 운전자에 비해 교통사고율이 급격히 높아지는 점을 합헌결정의 근거로 삼고 있다. 아직까지 우리나라는 대마초 통제불가능한 나라가 아니라는 점, 대마라는 작물은 농업정책상 소비해야 할 상품도 아니라는 점, 수출품도 아니라는 점 그리고 담배에는 없는 환각작용이 있고 그 독성이 다음 세대에 유전되는 것이 큰 문제라는 점에서 이를 반대하기도 한다.[13)

    불법이기 때문에 어둠의 경로로 입수되는 대마초의 중금속이나 비소함량 등을 통제하기 어렵다는 문제, 미국의 금주법 시대에 범죄를 줄이지는 못하고 갱을 키우는데 결정적 역할을 하였던 사례, 노동력 저하관점에서는 술이나 담배에 비할 것이 아니라는 점 등 지속되는 문제제기[14)와 법정책적 관점에서의 논의의 실익 등의 면에서 차후에도 논란은 점화될 것으로 전망된다.

대박, 쪽박 그리고 사이버도박

대박, 쪽박 그리고 사이버도박

〈Scene 1〉

　　좁고 어두운 방이다. 뿌연 담배연기 사이로 흐릿한 조명이 비춘다.

　　어두운 표정의 중년 남자 3명이 작은 테이블을 앞에 두고 둘러 앉아 있다. 테이블에는 푸른색 지폐가 이리저리 쌓여 있고, 묵직해 보이는 재떨이에는 방금 눌러 끈 담배꽁초가 마지막 불꽃을 깜빡거리고 있다. 하늘색 셔츠를 입은 남자가 손에 쥔 화투패를 눈앞으로 가져가 조심스레 펼쳐보고 있다. 셔츠는 이리저리 구겨지고, 앞섶에는 무언가 떨어진 듯 얼룩이 남아 있다. 잔뜩 충혈된 눈이 살짝 흔들린다. 그 뒤에 비스듬히 앉아 무언가를 멍하니 쳐다보던 여자는 자세를 고쳐 앉는 듯 뒤척이며 남자의 손을 슬쩍 살펴본다. 무거운 침묵이 이어진다.

〈Scene 2〉

　　작은 방에 아이가 누워 있다.

　　바닥에는 커다란 책가방이 침대 다리에 기대어 한껏 입을 벌리고 있다. 침대 발치 책상에는 작은 독서등이 아이의 빈자리를 환하게 비추고 있다. 어딘가에서 아나운서의 차가운 말소리가 어렴풋이 들려온다. 불편하게 천장을 향해 뻗은 아이의 한 손엔 커다란 전화기가 들려 있다. 아이는 나머지 한 손으로 화면을 가볍게 누른다. 경쾌한 음악이 흐르고 원색의 밝은 화면에는 각각 이름표를 단 귀여운 달팽이 3마리가 출발선에서 결승점을 향해 굼실굼실 신나게 달리고 있다. 아이의 눈빛이 사뭇 진지하다.

도박이다. 서로 많이 다른 모습이지만….

나랑 내기 한번 할까? 하우스에서 사이버도박까지

인생을 살면서 절대로 하지 말아야 할 것이 몇 가지 있다. 그 중 한 가지는 바로 도박이다. 도박은 돈이나 재물을 걸고 승부를 내는 일을 말한다. 예전부터 내기, 노름이라고도 불리며 인류의 역사와 함께 한 뿌리 깊은 전통이 있다. 도박에 빠져 가산을 탕진하고 패가망신했다는 이야기는 오래된 신파극에서부터 최근 영화·드라마까지 흔히 등장하는, 이제는 이미 식상한 레퍼토리이기도 하다. 영화 '타짜'의 한 장면처럼 음침한 도박장에서 전문적인 도박꾼들이 돈을 쌓아놓고 교묘한 기술과 배짱으로 진지하게 승부를 거는 모습, 아니면 고개를 푹 숙인 중년의 여성들을 배경으로 "가정집에 도박장을 차려놓고 억대 도박판을 벌여온 주부도박단이 경찰에 검거되었습니다"라는 뉴스 화면,1) 아니면 직장 동료의 상갓집에서 밤을 새워준다는 명목으로 서너 명씩 모여앉아 화투를 돌리다 판이 커져 한달치 월급을 모두 날린 아픈 기억, 돈을 딴 무용담까지 사람마다 각자 조금씩은 다르겠지만, 이 땅의 중장년이라면 도박이란 말에서 대부분 이런 모습을 먼저 떠올릴 것이다.

도박은 원래 사람들이 모여서 벌이는 판이다. 다른 일로 자연스럽게 모이거나, 도박을 벌이기 위해 일부러 사람들을 모아야 한다. 전문 도박장이든, 가정집이든 아니면 상갓집에서 우연찮게 벌어졌던 간에 말이다. 그러나 도박은 예전이나 지금이나 불법이라 경찰단속은 두려운 일이다. 하지만 사람들이 많이 모이면 비밀을 유지하기 어렵다. 그렇다고 사람이 많지 않으면 도박판으로 큰돈을 만들기 어려우니 도박꾼들 입장에서는 뭔가 대책이 필요할 수밖에 없다. 그렇다면 한 명에게서 최대한 많은 돈을 뽑아내면 어떨까? 어리숙한 사람 하나를 잡아 승부욕을 자극해서 판을 키우고 몇 번 잃어주기도 하다가 결정적일 때 패를 속여서 확실한 승리를 잡아낸다. "작업"에 걸린 "호구"는 가진 돈 모두와 일가친척, 친구, 지인에게 빚을 끌어 모아 다시 도전하지만 전문 도박꾼과는 애초에 승부가 되지 않는다. 패가망신은 주로 이런 스토리다.

하지만, 이제 도박은 사이버공간에서 이뤄진다. 온라인 도박, 인터넷 도박 또는 사이버 도박이라고도 한다. 정보통신기술의 발전이 도박 분야에도 큰 영향을 미쳤다. 더 이상 대화를 나누기 위해 직접 만날 필요가 없어졌듯이 돈을 걸고 도박을 하는데, 굳이 직접 만나서 무릎을 맞댈 필요가 없어졌다. 문화와 환경도 많이 달라졌다. 더 이상 상갓집에서 밤을 새는 일도, 일가친척이나 지인들끼리 모여 화투판을 벌이는 일도 대부분 사라졌다. 도박판은 가정집과 하우스를 벗어나 사이버공간으로 자리를 옮겼다. 한 명의 호구를 잡는 것보다 온라인으로 많은 사람들을 모아 판을 키우면 조금씩만 떼어도 훨씬 더 큰돈을 벌 수 있게 되었다.

도박이 현실에서 불법이듯이 사이버공간에서도 당연히 불법이다(다만, 우리나라는 법적으로 일부 사행행위를 정하여 허용하고 있는데, 그 유형으로는 경마, 경륜, 카지노, 복권이 있다. 허용된 것 외에는 모두 불법이다). 세상이 변했다고는 하지만 사람은 바뀌지 않았고 도박도 사라지지 않았다. 단지 화려했던 카지노 게임기, 화투와 카드패가 화면 속 이미지 데이터로 바뀌었고, 컴퓨터와 스마트폰을 통해 언제 어디에서든 도박판을 벌일 수 있게 되어, 초보자가 발을 들이기 쉬워졌다. 옛날 도박장에 호기심 많은 까까머리 고등학생이 나타나면 어른들이 호통을 쳐서 쫓아냈지만 지금은 도박꾼의 나이를 짐작할 수도 없다. 발을 들이기는 쉽지만 빠져나오기는 매우 어렵다. 룰렛, 슬롯머신, 화투·카드 게임, 축구·야구의 승패, 홀짝과 사다리의 우연한 결과에는 물론이고, 선거 후보의 당락에까지 돈을 걸어 승부를 가리는 도박이 나타났다.[2] 도박은 이제 사이버공간이라는 새로운 환경을 통해 모양을 바꾸어 사람들의 일상 속에 깊이 파고들어 왔다.

도박과 사이버도박의 현황

　카지노, 경마·경정, 복권 등 국내 합법 사행산업의 규모는 2018년 기준 약 22조 원이다.[3] 반면 불법도박의 규모는 정확히 파악되지 않으나, 2016년 추정치는 합법도박의 약 4배인 84조 원 규모라고 한다.[4] 그 중 온·오프라인의 비중을 80:20으로 추정하면[5] 불법 사이버도박의 규모는 약 67조 원 정도로 산정할 수 있다. 세계 5위 수준이라는 한국의 전자상거래(이커머스) 시장규모가 2018년 80조 원이라 하니[6] 불법 사이버도박의 거대한 규모를 짐작할 수 있다.

　한편, 경찰은 2001년 기업형 도박사이트 15곳을 처음으로 단속하였고,[7] 사이버도박이 확산됨에 따라 현재까지 지속적인 단속을 벌이고 있다.[8] 경찰청에서는 거의 매년 특별단속을 벌여왔고, 2019년에도 상반기 6개월간 사이버도박 특별단속을 벌여 총 3,625건을 단속하고, 4,876명을 검거하여 184명을 구속하였다. 이러한 단속실적은 전년 동기간 대비 약 2배 이상 증가한 것이지만, 불법도박은 발생신고가 접수되는 유형의 범죄가 아니다 보니, 이 통계만으로 1년 사이 불법도박이 대폭 늘었다고 볼 수는 없다. 단지 단속에 투입되는 인력과 예산이 증대되었거나, 단속 인력의 전문역량이 향상되었을 것이라고 짐작할 뿐이다.

　하지만 단속 실적을 통해 현재 유행하는 사이버도박의 유형을 간접적으로 확인할 수는 있다. 유형별로 살펴보면 스포츠도박이 검거인원의 57.5%로 절반이상을 차지하고 있으며, 경마·경륜·경정과 카지노가 그 뒤를 따르고 있으나 검거인원의 7.7%와 3%로 비율이 높지 않다. 또 기타 유형이 31.4%를 차지하고 있는데, 세부유형을 보면 사다리타기, 달팽이경주, 소셜그래프 게임 등 간단한 미니게임을 이용한 도박이나, 파워볼 등 유사 로또게임 그리고 카드를 이용한 웹보드 게임 등 형태가 매우 다양하다.

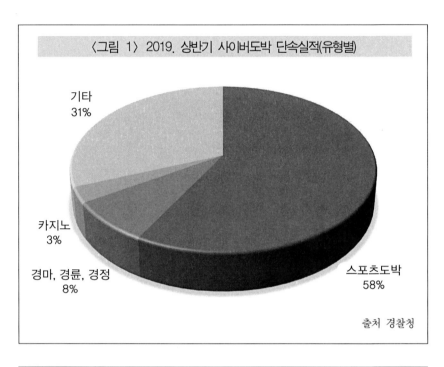

〈그림 1〉 2019. 상반기 사이버도박 단속실적(유형별)

기타
31%

카지노
3%

경마, 경륜, 경정
8%

스포츠도박
58%

출처 경찰청

합계(명)	스포츠도박	경마·경륜 경정	카지노	기타
4,876	2,803(57.5%)	375(7.7%)	166(3%)	1,532(31.4%)

사이버도박의 역사

전 세계적으로 사이버도박은 인터넷 서비스의 성장과 함께 1990년도부터 나타나기 시작하였다. 첫 시작은 1994년 카리브해 동북단에 있는 3개의 섬으로 이루어진 작은 섬나라 앤티가 바부다(Antigua and Barbuda)에서 미국의 도박금지법을 피하기 위해 자유무역지대를 만들고 경마와 스포츠게임에 대한 베팅을 전화로 받기 시작하면서부터라고 한다. 1995년에는 몇몇 인터넷 사이트들이 블랙잭, 룰렛 등 카지노게임을 제공하였지만, 실제 돈 거래를 하지는 않았다. 실제 돈 거래가 가능한 온라인 카지노는 1996년 오픈한 InterCasino 였다.9)10) 이후 수많은 가상 카지노가 뒤따라 영업을 시작하여 널리 확산되었다.

국내 인터넷 업체들도 해외사이트를 본 따 온라인 카지노 서비스를 개시하고, 다양한 카지노게임과 고스톱과 같은 한국식 카드게임을 온라인으로 차례차례 선보였으나, 실제 돈을 이용한 것은 아니었다.11)12) 실제 돈을 이용한 사이버도박은 체육진흥투표권(이하, 스포츠토토) 등 기존의 허가받은 도박을 온라인으로 베팅할 수 있게 한 서비스였다. 2004년 6월 스포츠토토를 시작으로 2005년 6월 경마, 7월 경륜, 2006년 3월에는 경정의 온라인 베팅이 허용되었으나, 중독에 대한 우려, 법적인 문제 등으로 인하여 2007년에는 경륜과 경정, 2009년에는 경마의 온라인 베팅이 중단되었고, 현재는 스포츠토토만이 인터넷 발매사이트(Betman.co.kr)를 통해 합법적으로 제공되고 있다.13)

하지만 합법적인 도박과는 별개로 인터넷이 일반에 널리 보급되기 시작한 1990년대 말부터 이미 불법 사이버도박도 조금씩 퍼져나가기 시작하였다. 1996년 실제 돈을 이용한 해외 인터넷 카지노가 개장되자, 직장인과 대학생들이 사이트에 접속, 신용카드 결제를 통해 베팅을 하여 수사가 진행되기도 하였다.14) 해외 인터넷 카지노에 한국인의 접속이 늘어나자 한국어 번역서비스까지 제공되면서 사회적인 문제로 대두되기도 하였고, 국내에서도 비밀리에 회원제 형식의 도박 사이트가 운영되기도 하였다.15) 불법 사이버도박은 인터넷의 폭발적인 확산과 더불어 변화와 발전을 거듭하여 현재의 거대한 규모에 이르고 있다.

사이버도박의 유형과 온라인 카드도박의 흥행

사이버 도박의 형태는 오프라인 도박과 유사하다. 유형별로는 경마나 경륜 혹은 스포츠 게임의 승부에 내기를 거는 형태(wagering)와 화투나 포커 등에서와 같이 기술과 운이 함께 작용하는 게임결과에 내기를 거는 형태 (gaming), 그리고 당첨에 대한 기회를 갖기 위해 일정 금액을 부담하고 순전히 운에 의해서 당첨금을 배분하는 형태인 복권(lottery) 등으로 나눌 수 있다. 사이버도박도 이런 세 가지 형태의 도박이 모두 존재하고 있다.16)

〈그림 2〉 2000년대 후반, 불법 온라인 카드게임 사이트(左) 및 게임 실행 화면(右)

※ 위 사이트(左)에서 실제 작동되는 것은 가운데의 "바둑이", "세븐포커", "맞고" 뿐이며, 나머지는 대부분 기능이 구현되지 않은 그림에 불과하다.

초기 사이버도박은 도박행위자에게 현실의 도박장과 도박게임을 가능한 사이버공간에 그대로 구현하여 현실감을 주고자 노력하였다. 국내외를 막론하고 온라인 카지노는 현실의 카지노와 흡사한 화려한 이미지, 음성, 환경을 제공하고, 게임방식도 현실의 카지노게임과 매우 유사하게 작동되도록 하였다. 처음 이용하는 사람이라도 거부감 없이 자연스럽게 게임에 적응할 수 있도록 한 것이다. 이러한 인터넷 카지노는 전 세계적으로 흥행하였지만, 국내에서는 현실의 카지노를 경험한 사람이 많지 않아서인지, 대중적으로 크게 확산되지는 않았다.

그러던 중 2000년대 초부터 고스톱을 중심으로 한 온라인 화투·카드게임이 국내 주요 게임사를 통해 서비스되기 시작하였다. 예부터 "한국인은 셋만 모이면 고스톱을 친다"는 말이 있을 정도였으니, 고스톱을 온라인으로 즐길 수 있는 상황이 되자 반응은 가히 폭발적이었다. 남녀노소 모두 컴퓨터 앞에 앉아 마우스를 클릭하고, 사이버머니를 모았다. 젊은이들은 집안 어르신들을 위해 컴퓨터를 장만하고 게임 계정을 하나씩 만들어 드리기도 하였다. 이른바 국민게임이었다. 물론 실제 돈을 걸고 하는 것은 아니었지만, 게임 금액이 커짐에 따라 자동으로 충전되는 사이버머니만으로는 감당하기 어려운 사람들이 많아졌다. 암암리에 현금거래가 이루어지면서 점차 진짜 도박이 되어갔다.

돈 냄새를 맡은 사람들이 이러한 거대한 시장을 놓칠 리가 없었다. 불법 온라인 카드게임 사이트가 우후죽순으로 등장하였다. 불법 게임은 기존의 온라인 고스톱과 매우 유사하게 홈페이지를 만들고 고스톱, 포커, 바둑이 등 똑같은 게임을 제공하였으며, 게임의 이미지와 아바타 등도 똑같이 제공하였다. 실제 돈을 충전하고 환전할 수 있느냐의 차이만 있어 겉으로 보기에는 합법적인 게임과 구별하기도 어려웠다. 전 국민이 온라인 고스톱의 재미를 알고 있었고, 게임방식도 충분히 익숙해져 있었다. 불법 카드게임도 합법 고스톱과 똑같은 방식이라 누구나 쉽게 시작할 수 있었다. 답답하게 매일 조금씩 포인트를 충전해 주는 것이 아니라, PC방에 가서 직접 돈을 내거나, 홈페이지에서 알려주는 계좌로 입금하면 원하는 대로 포인트를 충전할 수 있었다. 기존의 게임을 하듯이 똑같이 도박을 즐기면 되었고, 실제 돈을 넣고 하는 게임이니 긴장감과 재미가 더 했다.

불법 카드도박 사이트는 갈수록 늘어갔고, 규모는 점차 커져갔다. 조직은 피라미드 구조로 자리잡혀갔다. 총책은 해외에 운영사무실을 열어 직원을 파견했고 파견된 직원은 인터넷 뱅킹을 통해 입금을 확인하고 포인트를 충·환전해 주고 사이트를 관리했다. 총책과 국내 상위조직(운영본사, 루트본사)은 대포통장을 확보하고 수익을 배분하면서 각각의 하부조직(총본사, 부본사)과 실제 행위자를 확보하는 총판·매장(성인PC방 등)을 섭외하고 관리하였다. 여기에서 막대한 수익이 발생하였다. 불법 사이버도박의 규모는 추정치로 2007년 이미 53조 원을 돌파하였고, 2011년 75조 원에 이르렀다.[17] 경찰의 단속도 강화되어 대규모 사이트 검거사례가 등장하였고, 단속된 도박사이트 도박 금액 규모가 일반인의 상상을 훨씬 뛰어넘는 1조 원에 육박하기도 하였다.

2008년 11월 충북청 사이버수사대는 서버위치를 해외로 위장한 뒤 직원을 중국에 상주시켜 1조 원 상당의 도박자금을 끌어들인 김모(36) 씨 등 4명을 도박개장 혐의로 구속하고 총판 이모(37) 씨 등 10명을 도박개장 혐의로, 정모(45) 씨 등 26명을 상습도박 혐의로 불구속 입건했다. 이들은 2007년 10월부터 서울시 서초동 모 빌딩에 있는 서버를 임대해 인터넷 도박사이트를 개장, 해외로 위장한 뒤 유저(도박행위자)를 끌어 모아 1년여 동안 9,854억 원 상당의 도박을 하게 한 뒤 딜러비 명목으로 10.5%인 1,034억 원의 부당이득을 챙긴 혐의였다.[18]

그러던 중 놀라운 사건이 발생하였다. 2011년 4월 김제시 금구면 선암리 이모 씨의 마늘밭에서 110억 원어치의 엄청난 돈뭉치가 발견되어 세상을 경악케 한 것이다. 수많은 관심과 화제 속에서 경찰이 확인한 결과, 그 돈은 이모씨의 처남들인 이씨 형제와 일당들이 약 2년 간 불법 카드도박 사이트를 운영하여 얻은 수익금으로 드러났다. 확인된 매출규모만 1,540억 원 부당수익금은 약 170억 원에 달했다. 이 내용이 밝혀진 것은 어이없게도 밭주인 이모 씨가 처남에게 받은 돈을 마늘밭에 묻은 후 2억 8천여 만 원을 캐내 개인용도로 쓰고 이를 감추기 위해 자작극을 벌였기 때문이다. 이모 씨는 밭에서 작업했던 굴착기 기사 안모 씨가 돈을 가져간 것처럼 꾸미려 했으나, 이러한 누명에 억울함을 느낀 안모 씨가 경찰에 신고하였고, 경찰이 실제로 돈뭉치를 찾아내면서 본격적인 수사에 착수하게 되었다.

이 사건이 사회적으로 미친 영향은 상당하다. 일단 사이버도박의 수익규모가 상상을 초월하는 수준이라는 것이 널리 알려졌고, 그만큼 도박 사이트로 인한 금전적 피해뿐만 아니라, 중독으로 인한 폐해도 깊게 인식되었다. 사이버도박의 처벌이 강화되었고, 사이트 차단 및 단속 강화 등 범정부적 대책 마련의 목소리도 커졌다. 반면에 수입이 없어 말라가던 폭력조직과 건달들 그리고 일확천금을 꿈꾸는 수많은 사람들이 모두 도박 사이트 운영에 몰려드는 황금광시대(Gold Rush)가 열리게 되었다. 하지만 이미 경쟁은 치열했고, 유행을 좇아 준비도 없이 뛰어든 사람들이 성공할 만큼 만만한 시장은 세상 어디에도 없었다.

카드도박의 쇠퇴와 사설 스포츠토토의 부상

온라인 불법 카드도박이 한동안 대단한 성공을 거두고 있었지만, 슬슬 한계가 나타나기 시작했는데, 거기에는 몇 가지 이유를 꼽을 수 있다.

먼저 도박은 돈을 따기 위한 것인데, 유저들은 카드도박으로 절대 돈을 딸 수 없었기 때문이다. 한 번 게임을 할 때마다 10~15%에 이르는 높은 딜러비를 뜯기다 보니, 도박을 하면 할수록 돈을 잃을 수밖에 없는 구조였다. 게다가 도박운영자나 전문 도박꾼들이 일반 유저들을 속여 돈을 갈취했다. 대표적인 속임수는 짱구, 뷰어라는 방식인데, 짱구는 온라인 카드게임에서 서너 명이 같은 게임에 접속해 서로의 패를 보며 짜고 치는 사기행위로 한명을 속여 짱구(바보)로 만든다는 의미의 은어다. 그런 방을 짱구방이라고 하였다. 전문 온라인 도박꾼은 혼자서 3~4대의 컴퓨터를 한꺼번에 조작하여 한명의 일반유저를 짱구로 만들 수도 있었다. 뷰어는 보다 노골적인데, 말 그대로 상대방의 패를 보면서 게임할 수 있도록 만든 프로그램이다. 운영자들은 자신의 측근 몇몇에게 뷰어 프로그램을 제공하고 도박 사이트 운영수익과는 별도로 추가수익을 올리도록 하였다. 김제 마늘밭 사건 이후 언론을 통하여 이러한 수법이 공개[19]되자 돈을 잃었던 사람들은 분노했고, 자신들이 속았다는 것을 깨닫기 시작하였다.

게다가 시간이 너무 오래 걸리고, 갈수록 힘들고 지루해졌기 때문이다. 컴퓨터 앞에서 편히 앉아 하는 게임이라지만, 몇 판만 돌다보면 서너 시간은 금방 지나갔고, 걸핏하면 밤을 새우게 됐다. 패를 계산하면서 신경을 곤두세

우다 보면 정신적·육체적으로 무리가 오고 정상적인 사회생활이 어려웠다. 처음에는 재미있었지만 같은 게임을 반복하니 식상하고, 계속 돈을 잃다보니 흥미도 떨어지게 되었다. 사람들은 점점 떠나가기 시작했다. 운영자들은 딜러비를 최대한 낮추고, 이벤트 명목으로 유저들에게 추가 포인트를 주는 등 다양한 흥행수단을 동원했지만, 대세를 거스르기는 어려웠다. 특히 한번 잃은 신뢰를 쉽게 돌이킬 수 없었다. 그렇다고 도박을 좋아하던 사람들이 완전히 온라인 도박을 떠나지는 못했다. 보다 흥미로운 게임을 찾아 나선 것뿐이었다.

이때, 사람들의 시선을 잡아 끈 것은 스포츠토토였다. 스포츠 경기의 승부에 돈을 거는 것이라 운영자들이 장난칠 여지가 적고, 허리 아프게 컴퓨터 앞에 앉아 힘들게 게임을 할 필요도 없었다. 도박실력 따위는 상관없이 그저 자기가 좋아하는 스포츠 종목의 경기에 베팅하고 중계를 시청하면 되었다. 특히 2002년 월드컵 이후 해외축구에 대한 관심이 커지고, 2005년 이후 박지성, 이영표 등 월드컵 스타들을 중심으로 한국 선수들이 유럽축구리그에서 활약하면서 국내에서도 유럽축구 중계를 시청할 수 있는 인프라가 갖춰졌다. 불법 도박 운영자들도 이런 분위기에 편승하여 다양한 스포츠 경기의 결과에 베팅할 수 있는 도박을 선보였다.

합법 스포츠토토의 정식 명칭은 체육진흥투표권으로 국민체육진흥공단이 운영하는 국가정책 사업이다. 조성된 기금은 한국 스포츠 발전을 위해 사용한다. 2002 월드컵 재원 마련 등을 목적으로 2001년 10월에 처음 도입되었다. 경마·경륜의 게임방식을 일반 스포츠 경기에 적용한 것으로 게임을 분석하고 예측하여 결과를 맞히면 배당금을 받는 것이라 운과 함께 실력도 작용한다. 국내 합법 도박 중 유일하게 공식 발매 사이트(Betman.co.kr)를 통해 온라인 베팅이 가능하고, 대상 게임은 농구, 축구, 야구, 배구, 골프로 승패를 맞히거나, 전·후반전 스코어를 맞히는 등 다양한 게임이 있다.[20] 스포츠와 도박을 좋아하는 사람들에게 큰 인기를 얻으며 총매출액이 2002년 220억 원에서 2012년 2조 8천억 원[21]으로 급격히 성장하였다.

하지만 공식적으로 운영되는 도박이다 보니 여러 가지 제한이 있다. 회

차당 1인 10만 원까지만 구매가능하고, 청소년과 대상 경기 관계자에게는 금지되어 있다. 또 매출액의 50%는 공익기금과 운영비로 사용하고 50%만 배당하고 있어 승부에 이겨도 배당금이 크지 않다. 도박꾼들에게 이 정도의 게임이 성에 찰리가 없었다. 더 큰 게임과 짜릿한 승부를 원하는 사람들은 차츰 사설 스포츠토토로 눈을 돌리게 되었고, 비슷비슷한 사이트가 우후죽순처럼 등장하였다.

불법 도박 사이트 운영자들 입장에서 사설 스포츠토토는 기존의 카지노·카드게임에 비해 투자와 운영이 훨씬 수월한 편이었다. 일단 카지노나 카드게임을 운영하려면 도박사이트 홈페이지 외에 별도로 게임을 구동하는 서버와 클라이언트(사용자) 프로그램이 필요하다. 일반 온라인 게임과 마찬가지로 유저들은 사이트에 접속하여 회원가입 후, 전용 프로그램을 내려받아 설치해야 게임을 시작할 수 있다(성인PC방에는 이미 설치되어 있다). 특히 서버가 사용자들의 입력을 받아 실시간으로 처리해 주어야 하니 가용자원과 통신속도가 중요했다. 성질 급한 유저들이 잠깐의 지연시간에도 짜증을 내니, 단속의 위험을 무릅쓰고 속도가 빠른 국내 데이터센터에 게임 서버를 두기도 하였다. 이에 반해 스포츠토토 사이트는 구성과 운영이 상대적으로 간단하다. 별도로 게임을 구동하는 것이 아니라 게임 서버와 프로그램도 필요 없었고, 스마트폰이 등장하자 모바일 홈페이지도 쉽게 만들 수 있었다. 유저들은 베팅할 때만 잠깐 홈페이지를 방문하고, 운영자들도 시간에 맞춰 게임을 올려주고 유저들의 선택에 따라 승부가 나면 포인트를 다시 정산해주었다. 서버 관리나 게임 운영이 훨씬 간편했고 그만큼 초기 투자금과 운영비가 적게 들었다. 나중에는 스포츠토토 사이트를 만들어주는 종합 서비스까지 나타났다. 관리도 대행해준다고 했다. 누구나 돈만 조금 있으면 쉽게 사이트를 돌릴 수(운영할 수) 있는 환경이 갖추어졌다.

조직관리와 이익분배 측면에서도 스포츠토토 도박이 유리했다. 카드 도박은 사이트를 운영하는 본사에서 성인PC방 등 총판·매장으로 이어지는 전형적인 피라미드식 조직이었다. 도박 사이트의 성패는 각 단계별로 하부조직을 얼마나 많이 끌어들이고, 이를 통해 얼마나 많은 유저를 확보하였느냐에

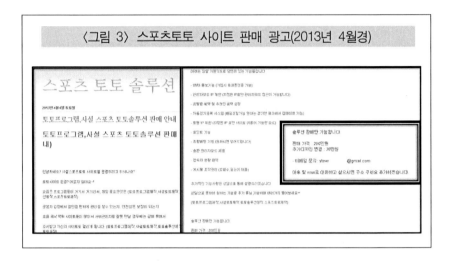

〈그림 3〉 스포츠토토 사이트 판매 광고(2013년 4월경)

달려 있었다. 특히 개별 유저를 모집하고 관리하는 총판·매장 등 하위조직의 모집과 관리가 매우 중요했다. 이들을 끌어오고, 다른 사이트로 떠나지 않도록 잡아두려면 충분한 수익을 보장해 주어야만 했다. 운영본사는 딜러비로 공제한 돈의 대부분을 하위조직에 배분하고, 판촉비나 지원금 명목으로 끊임없이 인센티브를 주었다. 그러려면 딜러비를 높게 책정하고, 유저를 속여 부수입을 창출할 수밖에 없었다. 반면 사설 스포츠토토는 컴퓨터 앞에 앉아서 오랜 시간 들이는 게임이 아니라서 굳이 성인PC방을 찾을 이유가 없었다. 매장의 역할이 축소되고 게임의 운영방식도 달라져 조직구성도 전보다 간결해졌다. 회원들은 대개 총판이나 기존 회원들의 소개로 사이트에 가입하여 게임을 시작했다. 추천인에게 수수료를 나누어 주었지만, 카드게임에 비해 조직을 관리하는 비용은 줄어들었다. 게다가 사설 스포츠토토는 합법 게임과 달리 공익기금을 공제하지 않았으므로 이용자에게 더 많은 배당금을 줄 수 있었다.

기존의 카드도박에 비하여 규모는 작아도 비교적 큰 수익을 올릴 수 있었다. 운영자들은 프로그래머를 고용하여 해외 데이터센터에 서버를 설치하고 원격으로 관리했다. 운영사무실은 물가가 싸고 경찰력이 잘 닿지 않는 동남아 등지에 두었다. 총책은 국내에서 대포통장을 마련하고, 직원들을 운영사무실로 내보냈고, 직원들은 교대로 게임을 올리고 충·환전을 하면서 쉽게 번 돈을 흥청망청 유흥으로 탕진했다. 쉽게 꼬리가 잡히지 않을 것이라고 생각했다. 바야흐로 사설 스포츠토토의 전성시대가 열리는 듯했다.

경쟁의 심화, 먹튀 사이트와 먹튀검증 사이트

사설 스포츠토토 사이트의 인기는 지금까지 계속 이어지고 있다(2019년 상반기 경찰 단속 실적 중 스포츠토토 도박 관련자가 검거인원의 절반 이상). 하지만 예전처럼 황금알을 낳는 거위는 되지 않는 것 같다. 돈이 된다는 소문에 사람들이 몰리고 전문지식이나 대규모 조직이 없어도 사이트 운영이 가능하니 너도나도 달려들어 경쟁은 그만큼 치열해졌다. 매일 비슷비슷한 사이트가 계속 등장하지만 전체 도박인구는 쉽게 늘어나지 않았다. 새로운 사이트는 어떻게든 기존 사이트의 유저들을 빼앗아 와야 했고, 결국 제로섬 게임이 되었다. 유저를 뺏으려는 측에서는 가입축하금 명목으로 무료 포인트를 나누어 주고, 첫 결제시 추가 포인트를 주면서 신규가입자를 우대했다. 유저를 빼앗기지 않으려는 측에서는 수시로 이벤트를 벌이고, 결제시마다 추가 포인트를 나누어 주었다. 포인트가 곧 현금이니 제살 깎아먹기 경쟁이다. 유저확보 경쟁이 치열하니 운영자들 사이에서 유저정보가 거래되기도 하였다. 프로그래머들은 사이트 설치비 이외에 유저정보 데이터베이스 비용을 추가로 받았다. 자기가 관리하던 사이트에서 미리 빼내 둔 것이었다.

사이트를 알리기 위한 홍보경쟁도 치열했다. 하지만 무작위로 이메일, SMS를 보내고, 각종 게시판에 댓글을 달아봐야 큰 효과는 없었다. 도박을 하는 사람들을 끌어와야 하니, 기존의 사이트 유저정보를 구해서 집중적으로 맞춤형 홍보를 하였다. 그래서 한번 도박에 발을 들이면 끊임없이 문자가 날아들었다. 그 외에도 여러 가지 홍보수단이 있었지만, 사람들의 시선을 끄는 데에는 음란물이 효과적이었다. 불법 음란 사이트에는 화면 가득 도박 사이트

배너광고가 달리게 되었다. 서로 공생하는 관계였다.

도박 사이트는 새로 생기는 만큼 망해갔다. 폐업하면서 남은 포인트를 돌려 줄 만큼 양심적인 사람들이라면 이런 일을 할리 없으니 돈을 떼이는 유저들이 갈수록 늘었다. 돈을 먹고 튀는 이런 일들이 흔해지자 '먹튀'라는 말이 퍼졌다. 망할 때만 먹튀하는 게 아니라, 경찰 수사가 시작되면 …, 환전해 줘야 할 돈이 많아지면 …, 일이 잘 안되거나 불리하면 무조건 먹튀였다. 아예 계획적으로 큰 경기에 온갖 이벤트로 돈을 끌어 모은 뒤 그냥 먹튀하기도 했다. 이겨도 배당금을 받지 못할 수 있으니 유저들은 큰 베팅을 피하게 되었다. 수익이 감소할 수밖에 없었다. 사이트 운영은 더 어려워졌다.

도박 사이트는 신뢰를 얻지 못하면 유지하기 어렵다. 역설적이게도 불법적인 일에는 신뢰가 더 중요한 법이다. 이런 상황에서 누구의 아이디어인지는 모르겠지만 먹튀 사이트를 판별하거나 검증해준다는 '먹튀검증' 사이트가 등장했다. 기발한 생각이다. 피해자들의 제보와 사전 분석으로 먹튀 사이트를 미리 판별하고 먹튀 피해를 방지해 준다고 한다. 그리고 믿을 만한 '안전놀이터'도 소개해 주고, 피해를 입은 사람에게는 동일한 포인트로 보상도 해준다고 한다. 감사한 일이다. 안전놀이터가 자기들이 운영하는 도박 사이트일지도 모른다는 생각은 그분들의 순수함을 모독하는 것이리라. '먹튀폴리스', '먹튀탐정'이라는 이름도 훌륭하다. 경찰청장 감사장이라도 추천해야 하겠다.

달팽이 레이스, 사다리타기, 새로운 트렌드일까?

이상한 사이트가 있다. 접속하면 아무런 조작을 하지 않아도 신나는 음악에 맞춰 달팽이들이 경주를 벌인다. 경주가 끝나면 순위가 발표된다. 그걸로 끝이다. 경주가 끝나면 타이머가 작동되고 달팽이들은 잠시 쉬다가 다시 경주를 벌인다. 이게 하루 종일 반복된다. 말 그대로 '달팽이 레이스'다. 가만히 보고 있으면 도대체 이게 뭔지 싶다. 도박은 아닌 것 같다. 그렇다. 이 게임 자체는 도박이 아니다. 여기서는 경주를 벌여 결과만 발표하고, 도박은 별도의 베팅 사이트에서 이루어진다. 경마와 유사하게 경주결과를 사전에 예측하여 베팅한 후 맞히면 이긴다. 결과를 신속히 확인할 수 있고, 3분마다 똑같은 경주가 반복되니 아무 때나 들어가서 게임을 하면 된다. 학교에서도 쉬는 시간마다 스마트폰을 꺼내 몇 게임씩 할 수 있다. 중요한 경기에 크게 베팅하는 것이 아니라 작게 여러 번 베팅을 하니 먹튀의 우려도 적다. 규모는 작아졌지만, 이용자층이 두터워지면 수익은 꾸준히 발생한다.

이런 게임은 일부 스포츠 정보 제공 사이트(라이브 스코어 사이트)에서 흥미를 끌기 위한 오락으로 시작하였으나, 인기를 끌게 되자 사설 스포츠토토 사이트들이 베팅에 이용하게 되었고, 이제는 대부분의 도박 사이트들의 주요한 수입원으로 성장했다. '사다리게임', '다리다리', '소셜그래프', '파워볼' 등 다양한 베팅 대상이 있다. 게임방법과 승패방식은 다르지만 홀짝이나 1등 맞추기 등 단순한 미니 게임이 몇 분 단위로 반복된다는 점에서는 서로 비슷하다. 이들을 묶어서 '돈내기 게임'22)이나 '홀·짝류 확률성 게임'23)이라고도 한다. 해당 사이트는 "불법적인 정보를 제공하거나 불법적인 사이트를 알선하지 않습니다.", "베팅 사이트가 아니며, 스포츠 정보제공 사이트입니다"라고 주장한다. 몇 차례 경찰의 수사를 받았고, 운영자가 기소되기도 하였지만, 사이트는 계속 운영 중이다.24) 베팅 사이트와 연결 관계를 밝히지 못하면 처벌할 근거도 마땅치 않다.

게임이 인기를 끌게 되자 사전에 유출된 결과를 알고 있다거나, 해킹이나, 패턴분석을 통해 결과를 예측할 수 있다는 주장도 있다. 주로 금전거래를 요구하는 사기이거나, 큰 베팅을 유도하는 미끼로 보인다. 대개 이런 확률 게임은 난수 생성 알고리즘을 사용하므로 프로그래머도 사전에 결과를 예측할 수 없다. 홀·짝 게임에서 한동안 홀이 많이 나왔으니 다음에는 짝이 나올 확률이 높다는 등의 분석방법은 흔히 빠지기 쉬운 '도박사의 오류'일 뿐이다. 미니게임 운영자가 일부러 조작하지 않는 한 사전에 예측할 수는 없다. 사람들은 자기가 자꾸 돈을 잃는 것이 조작 때문이라고 생각하지만, 홀·짝처럼 승률이 반반인 게임에서 이기면 1.9배를 벌고 지면 다 잃게 되니 손해가 날 수밖에 없다. 실제 조작하는 경우도 있다곤 하지만, 굳이 조작까지 할 필요가 있나 싶기도 하다. 조작 여부와 상관없이 도박으로는 절대 돈을 딸 수 없기 때문이다. 오히려 조작이 없고 정확하게 확률로 결정되는 게임이라면 딜러비(수수료)만큼 정확하게 손실이 발생하게 된다.

어떤 도박도 장기적으로는 돈을 딸 수 없지만, 다른 도박에서는 남들보다 카드 실력이 뛰어나거나, 경주마, 축구선수의 컨디션을 알아보는 안목이 남들보다 높으면 어느 정도 승산이 있었다. 하지만 확률 게임에서는 빨간 달팽이가 파란 달팽이보다 컨디션이 좋아서 이기는 것이 아니다. 실력과 안목으로 극복할 여지가 없다. 게임이 단순한 만큼 결과도 단순하니 벌써 많은 사람들이 이러한 사실을 깨달았을 것이다. 그럼에도 수많은 사람들이 아직도 자신의 행운을 시험하고 있다. 조작설과 도박사의 오류가 널리 퍼지는 것은 그저 마지막 희망의 끈을 놓고 싶지 않은 마음 때문일지도 모른다.

신속하고 단순하게 그리고 공정하다는 환상(향후 전망)

얼마 전 베이버부머 세대와 함께 사라질 트렌드로 골프와 야구가 선정된 사례가 있다.[25] 경기 시간이 오래 걸려서 젊은이들이 이를 즐길만한 충분한 인내심을 가지고 있는지 확신하기 어렵다는 이유다. 도박도 마찬가지일 것 같다. 새로운 세대들이 축구와 야구, 농구 같은 경기에 돈을 걸어놓고 경기가 끝날 때까지 차분하게 즐길만한 인내심이 있을까? 역시 확신하기 어렵다. 도박을 하는 입장이라면 프리미어리그, NBA, 케이리그 경기가 나와 무슨 상관일까 싶다. 그저 빨리 승패를 확인하고 내가 돈을 딸지 못 딸지 확인하는 것이 중요할 것이다.

도박이란 돈 놓고 돈 먹기이다. 도박을 하는데, 아름다운 배경과 음악, 현실적인 그래픽, 패를 내려치는 타격감, 박진감 넘치고 짜릿한 스포츠 경기 같은 것들이 무에 그리 중요하겠는가? 복잡하고 화려했던 게임은 점점 단순해

지고 이제는 돈내기 자체의 재미에 집중하는 추세다. 하지만 게임이 사라지고 돈내기만 남는다면 그 재미가 얼마나 지속될지 알 수 없다. 사람들은 원래 단순한 것에는 쉽게 싫증을 내는 법이다. 앞으로 뭔가 사람들을 잡아 끌만한 새로운 게임이 등장할 차례일 수도 있다. 그래도 예전의 게임보다는 신속하고 단순할 것이라 기대한다.

그리고 사람들은 비록 불법적인 도박을 하고 있지만 그 안에서는 나름 공정한 게임이 이루어지기를 바란다. 그리고 게임이 끝나면 자신의 몫을 정확히 배당받기를 기대한다. 이러한 신뢰 시스템이 제대로 작동하지 않으면 게임은 돌아갈 수 없다. 영화 '타짜'에서도 보았듯이 예전 도박판에서는 '구라치다 걸리면 손모가지가 날아갔다.' 하지만 사이버도박판에 '빙다리 핫바지'(호구)가 되지 않으려고 '오함마(해머)'를 챙겨 다닐 수는 없다. 속임수가 있어도 공권력으로는 물론이고 사적인 방법으로도 구제가 불가능하다. 그래서 신뢰가 제일 중요하다. 최소한의 신뢰를 확보하지 않으면 사이트를 운영할 수 없다. 그들 말대로 '안전한 놀이터'라는 거짓된 신뢰라도 주어야 한다. 비교적 공정한 게임이라는 환상, 그리고 돈을 딸 수 있다는 거짓된 믿음이 사라지지 않는 한, 불법 사이버도박은 계속 번창할 것이다.

사이버도박은 분명 불법적인 일이지만 어찌 보면 온라인상의 유저를 상대로 하는 하나의 사업이기도 하다. 현실 세계보다 유행의 흐름에 민감한 사이버 공간에서 새로운 트렌드를 따라가지 못하는 사업은 살아남기 어렵다. 도박 사이트 운영자들은 경쟁자들을 물리치고 보다 많은 수익을 얻기 위해 사용자들의 요구와 시대의 흐름을 좇아 다양한 변화를 시도해 왔다. 이러한 변화의 시도는 계속 이어질 것이다. 특히 지금의 젊은 세대가 추구하는 간단함과 재미 그리고 공정성이라는 가치들[26]은 그동안 사이버도박의 흐름에서도 매우 중요한 요소로 작용하였다. 운영자들은 그동안 사용자가 원하는 신속하고 단순한 게임을 선보였고, 공정한 게임을 가장하면서 운만 좋으면 돈을 딸 수 있다고 사람들을 속여가며 이제껏 살아남았다. 새로운 게임은 계속 등장하고 베팅이나 운영방식도 변화하겠지만 이러한 생존전략만큼은 쉽게 바뀌지 않을 것이다. 경찰을 비롯하여 각계에서는 사이버도박의 근절을 위해 지속적인 노력을 기울이겠지만, 이미 깊게 뿌리 내린 도박 사이트를 근절하기는 쉽지 않을 것이다. 사이버도박은 새로운 모습으로 계속 진화해 왔다. 앞으로도 보다 흥미로운 게임으로 도박꾼들을 유혹할 것이다.

사이버공간 속 나와 다른 그들: 사이버혐오의 메커니즘

사이버공간 속 나와 다른 그들:
사이버혐오의 메커니즘

　　요즘 사이버공간에는 남성 또는 여성을 대상으로 한 혐오가 넘쳐난다. 예컨대 인터넷 게시판이나 기사 댓글란에서 '한남', '김치녀'와 같은 혐오표현들을 접하는 것은 어려운 일이 아니다. '한남'이나 '김치녀'는 원래 무례하고 매너 없는 한국남자, 허영심 많고 의존적인 한국여자와 같이 어떠한 구체적 특성을 지닌 이들을 지칭하는 의미로 쓰였다. 하지만 최근 용법을 살펴보면 두 용어 모두 특정한 한국남자, 한국여자들을 지칭하는 것이 아니라 남성일반, 여성일반을 싸잡아 비난하고 혐오할 때 쓰인다는 사실을 알 수 있다.

　　'한남', '김치녀'와 같은 표현들은 오히려 점잖은 편에 속한다. 2016년 11월 온라인 게임을 하던 한 남성은 게임에 참여하고 있던 불상의 여성을 겨냥해 '홍어 비린내', '낙태충' 따위의 채팅글을 올렸다가 벌금형을 선고받았으며,[1] 모정당의 인터넷 오픈 채팅방에서 활동하던 한 여성은 2017년 2월 해당 채팅방에서 피해 남성을 가리켜, "애비충, 진짜 극혐"이라고 하였다가 형사처벌을 받았다.[2]

　　온라인상 혐오는 비단 남녀 사이에서만 벌어지는 일이 아니다. 어떤 이는 2019년 4월 발생한 강원도 산불관련기사에 "지금 강원도에 가면 구운 감자가 공짜다"라고 지역혐오성 발언을 일삼는가 하면, 진화작업에 참여한 군인과 소방관에게 '고기방패'라는 표현도 서슴지 않았다.3) 심지어 한 고등학생은 세월호 피해자들을 어묵에 빗대어 표현하였다가 처벌을 받기도 하였다.4) 그 외에도 일본인들에게는 '토착왜구', 중국인들에게는 '짱깨', 흑인들에게는 '흑형', 외국인 노동자 일반을 향해서는 '외노'라는 표현을 사용하며 타민족, 타국가 출신에 대한 혐오감을 드러내는 사례 역시 만연하고 있다. 뿐만 아니라, 노인을 지칭하는 '틀딱', 엄마들을 폄하하는 '맘충', 장애인을 비하하는 '애자' 등 실로 우리 사회의 모든 집단이 혐오표현의 대상이 되고 있다고 봐도 무방할 지경이다.

특히 이러한 표현들은 온라인이라는 공간적 특성과 결합하여 더욱 빠른 속도로 확대, 재생산되고 있다. 실제로 우리나라의 경우, 온라인이 아닌 현실 공간에서 혐오범죄가 일어난 사례는 외국에 비해 매우 적으며, 그마저도 경미한 욕설과 가벼운 폭력에 그치는 경우가 대부분이었다. 온라인공간에서 일어나는 이러한 혐오, 소위 '사이버혐오'에 대하여 우리 사회는 어떻게 대처해야 할까. 그 해법을 고민하기에 앞서, 사이버혐오란 대체 무엇이며 왜 문제가 되는지, 그리고 왜 발생하는지와 같은 기본적인 질문에 대한 논의부터 짚어보고자 한다.

사이버혐오란 무엇인가

사이버혐오를 논함에 있어 가장 기본적으로 이루어져야 할 작업은 그 개념을 명확히 하는 일일 것이다. 우선 용어의 사전적 의미부터 살펴보자. 사이버혐오는 '사이버'와 '혐오'가 합쳐진 말이며, 혐오란 무엇인가를 극도로 싫어하는 심리상태를 의미한다. 따라서 사이버혐오의 사전적 의미는 사이버공간에서 무엇인가에 대하여 극도로 싫어하는 심리를 표출하는 행위라고 말할 수 있다.

하지만, 우리가 논의하고자 하는 맥락 안에서 '혐오'의 개념을 단순히 사전적 의미로만 해석한다면 다음과 같은 몇 가지 문제점에 봉착하게 된다. 첫째, 사이버혐오의 개념범위가 지나치게 확대되어 그 고유의 특성 및 의의를 고찰하기가 어려워진다. 즉, 온라인상에서 무엇인가를 극도로 싫어하는 표현만 하면 그러한 행위는 모두 사이버혐오의 범주에 포함되게 되는 것이다. 과연 우리가 인터넷상에서 이루어지는 온갖 감정적 표현들로부터 의미 있는 공통점을 도출해 내고 그 해결책을 모색하는 것이 가능한 일일까? 쉽지 않은 일이다.

둘째, 무엇인가를 극도로 싫어하는 심리를 표출하는 것 자체는 인간의 기본적인 자유에 속하는 문제임을 고려하여야 한다. 굳이 헌법상 권리를 열거하지 않더라도 누구에게나 자신이 싫어하는 것을 표현할 자유가 있다는 것쯤은 상식이라고 할 수 있다. 따라서 그 표현방식이 다소 부적절하고 불쾌감을 유발할 수 있다 할지라도 그 자체를 금기시하고 규제하려 드는 것은 전체주의적 발상이라는 비판에서 자유롭지 못할 것이다.

그렇다면 온라인상에서 이루어지는 개인을 향한 모욕행위나 불안감 유발 등과 같은 행위로서 '형사처벌'의 대상이 되는 행위만을 사이버혐오로 규정하는 것은 어떨까? 현행 정보통신망 이용촉진 및 정보보호 등에 관한 법률(이하 정통망법) 제44조의7 제1항 3호는 '공포심이나 불안감을 유발하는 부호·문언·음향·화상 또는 영상을 반복적으로 상대방에게 도달'하도록 하는 행위를 형사처벌하도록 규정하고 있다. 또한, 형법 제311조는 공연히 사람을 모욕한 자에 대하여 형사처벌을 할 수 있도록 소위 '모욕죄'를 규정하고 있다. 이 두 규정을 종합적으로 살펴보면, 인터넷을 포함한 정보통신망 기기를 사용하여 욕설 등의 표현을 반복적으로 도달하게 하였다면 정통망법으로, 반복적이지 않고 1회의 모욕적 언사에 그쳤다면 모욕죄로 처벌할 수 있을 것이다. 또한 그 정도가 단순히 공포심이나 불안감 유발 또는 모욕을 넘어 타인의 명예를 훼손할 정도에 이르렀다면 정통망법 제 44조의7 제1항 3호의 소위 '사이버명예훼손죄'나 형법 제307조의 명예훼손죄를 검토해 볼 수도 있을 것이다. 이러한 법률상 범죄를 규정하는 개념들은 헌법 제21조 제4항에서 규정하고 있는 표현의 자유의 내재적 한계를 넘어서는 행위들을 상세하게 정해놓고 있다는 점에서 사전적 의미의 혐오보다는 보다 구체화된 개념들이라고 볼 수 있을 것이다.

하지만 현행 법조문의 구성요건에 근거하여 사이버혐오의 개념을 규정하는 것 또한 그 나름의 문제가 존재한다. 가장 큰 문제는 현행법이 과연 현 시점에서 문제가 되고 있는 사회병리 현상들에 대한 통찰을 제대로 반영하고 있는지 여부이다. 현행 법률이 규정하고 있는 모욕죄나 명예훼손죄와 같은 구성요건들은 결국 특정개인을 싫어하는 의사표시가 일정한 선을 넘었을 때 이를 제재하기 위한 것으로서, 결국 개인 대 개인 간 발생하는 문제를 법률로 규율해 놓은 것에 불과하다. 즉, 현행 형사법 규정들은 현재 우리 사회에서 문제되고 있는 다양한 사회집단 간(즉, 남녀 간, 지역 간, 계층 간, 정치집단 간 등) 혐오표현에 대한 통찰까지 담고 있지는 못하다는 것이다.

결국 우리가 초점을 맞추고자 하는 사이버혐오란 단순히 싫어하는 감정을 표현하는 것을 넘어서는 구체적인 혐오이며, 개인 대 개인 간의 문제가 아닌 특정 집단을 향한 혐오이다. 이러한 혐오의 개념은 혐오범죄(hate crime) 또는 혐오발언(hate speech) 등의 용어에서 쓰이는 혐오개념을 참조할 만하다. 미국의 혐오범죄통계법(The Hate Crime Statistics Act)은 혐오범죄를 '인종, 종교, 성적취향, 민족성'에 대한 편견이 원인이 되어 발생한 범죄로 규정하고 있으며,5) 독일경찰 역시 유대인, 외국인, 기타 소수집단에 대한 편견에 기반한 범죄를 혐오범죄로 분류하고 있다.6) 혐오발언(hate speech)의 개념 또한 본질적으로 다르지 않다. 즉, 혐오발언(hate speech)이란 인종, 민족, 성별, 성적 지향, 종교, 나이, 신체적 또는 정신적 장애, 기타 특정한 사회적 그룹에 속해 있음을 이유로 개인이나 집단을 모욕하는 표현 및 언사를 말한다.7) 이상의 혐오개념들을 종합해 볼 때, 우리가 초점을 맞추고자 하는 사이버혐오란 특정한 사회적 집단에 속해 있다는 이유로 온라인상에서 개인 또는 집단에게 행해지는 모욕이나 폄하를 일컫는다고 할 수 있다.

사이버공간의 특징

사이버혐오는 사이버공간에서 이루어지는 혐오이며, 사이버공간은 현실 세계와는 다른 몇 가지 고유한 특징들이 있다. 사이버공간이 갖는 가장 큰 특징은 비대면성이다. 가해자와 피해자가 서로 얼굴을 마주보는 것이 아니기 때문에 그만큼 가해자가 혐오표현을 함에 있어 심리적 저항을 덜 받을 것이다. 특히 사이버공간에서는 많은 경우 익명으로 의사표현이 가능한데, 이러한 익명성은 곧 잠재적 가해자들이 혐오표현을 하는 데 있어 더 큰 자유를 누릴 수 있다는 것을 의미한다.

뿐만 아니라, 사이버공간은 언제, 어디서나 쉽게 접근이 가능하다. 과거 인터넷에 접속하기 위해서는 최소한 인터넷에 연결된 컴퓨터 앞에 가서 앉은 후 컴퓨터의 전원을 켜고 부팅을 기다려야 하는 번거로움이 있었지만, 이는 이미 오래전 이야기이다. 스마트폰은 언제, 어디서나 인터넷에 접근하여 자신의 의사를 표현하는 것을 가능하게 만들었으며, 이미 대다수의 사람들은 실제로 스마트폰을 통해 인터넷에 접속하고 있다. 가해자 입장에서 이러한 접근의 편의성은 혐오표현이 더 빈번하게 이루어질 수 있는 환경을 제공한다고 볼 수 있다. 반면 피해자의 입장에서는 현실세계에서보다 많은 사람이 자신을 혐오하는 표현에 접근할 수 있다는 가능성으로 인하여 더 큰 모욕감을 느끼게 된다. 또한 원래 중립적인 위치에 있었던 이들도 온라인상에 떠도는 혐오표현을 쉽게 접하며 이를 학습하고 확대, 재생산하는 가해자로 탈바꿈할 수 있다. 특히 청소년들이 이러한 혐오표현에 노출될 경우 비판적 사고과정 없이 이를 있는 그대로 받아들이게 되어 또 다른 혐오표현의 가해자가 되기 쉽다.

혐오표현이 왜 문제인가

특정한 사회적 집단을 겨냥한 혐오표현에 주목해야 하는 이유는 그 피해의 심각성 때문이다. Iganski(2001)[8]는 혐오표현보다 포괄적인 개념이라고 할 수 있는 혐오범죄의 심각성을 세 가지 차원에서 논의한 바 있다. 먼저 혐오범죄의 피해자는 일반범죄의 피해자보다 대게 더 심각한 정신적 트라우마를 경험한다고 한다. 즉, 혐오범죄의 피해자는 스스로의 잘못이 아닌 어찌할 수 없는 자신의 사회적 특성으로 인하여 범죄의 목표물이 되었다는 사실에 보다 큰 충격과 모욕감을 느낀다는 것이다. 예를 들어 피해자가 장애인이라는 이유로 모욕을 당하였다면, 개인 간 의견차이가 발단이 되어 모욕을 당했을 때보다 더 큰 충격과 분노를 느낄 것이며 그 심리적·정신적 피해가 훨씬 오랜 기간 지속될 것이라고 추정해 볼 수 있다.

또한 혐오범죄는 그 직접적인 피해당사자뿐만 아니라 그 피해자가 속한 집단 및 사회 전체에까지 일정한 수준의 간접피해를 야기할 수 있다. 예를 들어, 어떤 한사람이 흑인이라는 이유로 모욕을 당하였다면, 그러한 모욕을 직접적으로 경험한 당사자뿐 아니라 그 지역사회에 거주하면서 소식을 전해들은 다른 흑인들 또한 일정 수준의 모욕감을 느낄 것이다. 만약 흑인을 겨냥한 이러한 모욕행위가 보다 널리 알려지고, 유사한 모욕행위들이 누적된다면 단지 그 지역사회에 거주하는 흑인들뿐만 아니라 그 나라에 거주하는 흑인사회 전체가 모욕감을 느낄 것이며, 더 나아가 그 사회의 다른 약자집단들까지 일종의 분노와 두려움을 느낄 수 있을 것이다.

뿐만 아니라 혐오범죄는 가해자의 반사회성으로 인하여 일반범죄보다 더 큰 신체적 피해를 야기하는 경우가 많다고 한다. 혐오표현의 경우, 언어에 의하여 이루어지므로 신체적 피해와는 무관하다고 볼 수 있다.

〈그림 1〉 일본 혐한 사이트 카이카이

Iganski(2001)가 제시한 세 가지 문제 외에도 혐오범죄는 인종 간, 종교 간, 심지어 국가 간 갈등을 유발하는 촉매제가 될 수 있음을 유념해야 한다. 대표적인 예가 최근 한국과 일본을 둘러싼 갈등이다. 일본이 우리나라를 화이트리스트에서 제외하는 등 일종의 경제보복조치를 하면서 우리 국민의 반일감정이 커질대로 커진 상태이다. 이러한 반일감정을 부추기는 요인 중 하나가 바로 일본에서 번지고 있는 혐한정서이다. 일본에서 혐한서적이 베스트셀러가 되고, 혐한시위가 점점 과격한 양상을 보이고 있다는 소식이 국내 언론들을 통해 전해지면서 일본을 향한 반일감정은 더욱 증폭되는 양상을 보인다. 특히 인터넷상 번역기능이 활성화되어 일본어를 잘 모르는 일반 국민들도 일본의 혐한 사이트에 올라오는 내용을 실시간으로 확인할 수 있게 되면서 양국 간 감정의 골은 더욱 깊어지고 있다.

사이버혐오의 심리

사이버공간에서 혐오표현을 하는 사람들은 어떤 심리를 가지고 있을까? 물론 혐오표현의 심리는 익명성 여부, 표현의 종류 및 수위, 혐오의 대상 등에 따라 천차만별일 것이다. 따라서 '그들의 심리가 어떻다'라고 일률적으로 결론 내리는 것은 매우 어려운 일이다. 하지만 외국의 일부 학자들은[9][10] 실제로 발생한 혐오범죄들을 분석하여 혐오의 심리를 유형화한 바 있다. 이를 살펴보자면 다음과 같다.

먼저 가장 흔하게 발견되는 심리는 스릴추구이다. 이런 유형의 사람들에게 혐오는 일종의 오락과도 같은 것이며, 그들의 목적은 특정 집단을 공격하는 데에서 오는 흥분감이나 스릴을 즐기기 위함이다. 이러한 심리는 몇몇 인터넷 게시판에 일종의 놀이와 같이 올라오는 댓글들을 떠올려보면 쉽게 이해할 수 있다. 이들은 그러한 행위들을 통해 사람들의 반응을 유도하고 이를 통해 만족감을 얻고자 한다. 일본의 혐한 사이트와 같이 우리나라에도 다양한 외국인 혐오 사이트, 여혐 사이트, 남혐 사이트들이 존재하며, 혐오표현을 하는 자들은 그 안에서 일종의 공동범죄자와 유사한 심리상태를 갖게 된다. 즉, 그 사이트에 상주하는 대부분의 네티즌들이 함께 특정 집단에 대한 혐오표현을 생산하고, 용인하고, 칭찬해주며 일종의 공동범행에 가담하게 되는 것이다.

공동범죄의 대표적인 특성은 익명성 및 몰개인화이다. 여기서 말하는 익명성이란 혼자 범행을 할 때보다 군중들 속에 섞여 있음으로써 자신의 개인적 존재감이 줄어드는 것을 의미한다. 몰개인화 역시 유사한 개념으로 자신을 한 명의 인격체라기보다는 공동체의 부속품쯤으로 여기는 현상을 말한다. 익명성과 몰개인화의 심리가 작용하면 혐오표현을 함에 있어 훨씬 작은 죄책감을 느끼게 된다. 혼자서는 쉽게 남을 폭행할 수 없는 사람이 무리에 섞여 있으면 아무렇지 않게 폭력을 휘두르게 되는 심리와 유사하다. 즉, "남들도 다 하는데 나 하나쯤 한다고 무슨 문제가 있을까?"라고 생각하게 된다는 것이다.

또 한편으로는 그 게시판에 상주하는 다른 네티즌들로부터 인정받기 위하여 더 자극적이고, 더 혐오스런 표현을 생산해 내기 위해 몰두하게 된다. 이러한 심리는 결국 일반인들의 감정과는 완전히 동떨어진 극단적 혐오표현으로 이어지기도 한다. 세월호 희생자를 어묵에 빗대어 표현하거나, 복무 중 불의의 사고로 순직한 군인을 '고기방패'라 칭하고 조롱하는 등의 행위는 결국 이러한 심리가 극단적으로 발현된 것이라고 볼 수 있다.

한편, 혐오의 또 다른 심리는 '방어'이다. 이러한 심리를 가진 자들은 단순히 스릴을 추구하기 위하여 혐오표현을 일삼는 자들과는 달리 사뭇 진지하다. 즉, 특정 사회집단을 자신의 영역에 침범한 일종의 침입자로 보며 그러한 침입자들로부터 자신과 자신이 속한 집단을 방어해야 한다는 믿음을 가지고 있다. 결국 이들의 혐오표현은 자신의 영역을 침범한 자들에 대한 일종의 분노표출인 셈이다. 우리나라에서는 외국인 노동자에 대한 혐오가 이러한 심리에 바탕을 두고 행해지는 경우가 많다. 실제로 한 외국인 혐오 사이트[11]에 올라온 게시글을 보면, '한국은 쉽게 사기칠 수 있는 가까운 나라, 사기쳐도 뒤탈 없는 나라, 이게 조선족의 마인드', '조선족은 매일 남한애들 상대로 등쳐먹을 궁리', '보이스피싱을 일삼는 조선족' 등의 표현이 가득 올라와 있다. 조선족에 대한 이러한 혐오표현들의 바탕에는 '조선족은 우리 국민을 상대로 보이스피싱이나 일삼는 집단'이라는 매우 강한 부정적 인식이 자리잡고 있다는 사실을 알 수 있다. 하지만 조선족이 우리나라에서 저지르는 인구대비 사기범행율이나 전체 사기건수가 다른 국적의 외국인이나 우리 국민이 저지르는 그것보다 높다는 근거는 희박하다. 이와 같이 방어형 혐오는 자신이 가진 특정 집단에 대한 편견에 기인하는 혐오라고 볼 수 있다.

세 번째 유형은 의무감형이다. 의무감형은 단순히 자신이나 자신이 속한 집단의 이익을 침해하는 것으로 여겨지는 집단에 대하여 불만을 표출하는 정도를 넘어 특정 집단 자체를 사회악으로 규정하고 그들의 완전한 제거를 추구하는 혐오유형이다. 이러한 심리는 보통 극단주의자들에게서 자주 발견되며, 특정한 종교적 신념에 기인하기도 한다. 예컨대, 동성애를 전면적으로 부정하는 신념을 가진 사람들이 동성애자들을 대하는 태도에서 이러한 심리가 잘 드러난다. 유대인을 지구상에서 제거할 목적으로 대학살을 자행한 히틀러의 심리도 이와 유사하다고 할 수 있을 것이다.

마지막으로 복수형이 있다. 복수형은 자신이 속한 집단을 혐오한 대상에 대한 복수의 의미로 혐오표현이나 혐오행위를 자행하는 심리를 말한다. 예를 들어, 유력한 일본 정치인이 혐한발언을 한 사실이 우리나라에 알려지자, 우리나라 내에서 일본인들을 혐오하는 표현이 증가하는 것을 들 수 있다. 이러한 경우, 혐오표현은 받은 것을 되갚아주자는 일종의 복수심의 발로인 것이다. 남성혐오, 여성혐오 사이트에 소위 '미러링'이라는 신조어가 유행하는 것도 이러한 심리의 반영이라고 할 수 있다. 특히 대표적인 남성혐오 사이트인 메갈리아, 워마드 등에서는 우리 사회에 만연한 여성혐오를 그대로 되갚아주자는 취지로 미러링이라는 용어가 자주 등장한다. 미러링이란 거울을 뜻하는 영어단어 mirror에서 파생된 용어로, 당한 것을 그대로 돌려준다는 의미를 담고 있다.

외국학자들의 이러한 분류법이 사이버상 혐오표현의 모든 심리를 포괄하고 있다고 보기는 힘들고 우리나라의 실정에 완벽히 부합한다고 볼 근거도 부족하다. 하지만, 같은 혐오표현이더라도 그 밑바탕에 내재된 심리는 다를 수 있으며, 그러한 다양한 심리들을 보다 정확히 분석해 내는 것이 혐오표현에 대한 대처방안을 찾는데 보다 효과적일 것이라는 생각을 갖게 한다. 우리나라에서 발생하는 혐오표현들에 대한 보다 광범위한 분석과 분류가 필요한 이유이다.

사이버혐오의 근본원인

비록 우리 사회에 혐오가 만연해 있다 하더라도 우리 주위의 많은 사람들은 특정 사회집단에 대해 혐오한다고 할 만큼의 악감정을 가지고 있지는 않다. 그렇다면, 대체 누가 무슨 이유로 온라인상에서 특정 집단에 대한 혐오표현을 일삼는 것일까?

저명한 성격심리학자 올포트[12])는 누군가를 혐오하는 이러한 성격은 부모로부터 학습된다고 보았다. 어떤 부모들은 아이들에게 직접 특정 집단에 대한 부정적인 감정을 표출할 것이고, 또 다른 부모들은 아이들에게 직접 그러한 이야기를 하는 것은 아니지만 일상생활 속에서 다른 어른들과의 대화나 행동을 통하여 간접적으로 그러한 혐오심을 주입시킬 것이다. 1998년에 개봉한 영화 아메리칸 히스토리 X는 이러한 과정을 잘 나타내주는 영화이다. 극중 소방관인 주인공의 아버지는 종종 아이들 앞에서 편견에 가득 찬 혼잣말을 내뱉는다. 아이들은 비록 아버지로부터 직접 특정 집단을 혐오할 것을 교육받지는 않았지만, 은연중에 유색인종에 대한 차별의식을 갖게 되고, 아버지가 흑인들에게 살해당하는 사건을 계기로 완전한 백인우월주의자가 되고 만다. 혐오는 이렇듯 부모로부터 직접적 또는 간접적인 방법으로 학습된다고 볼 수 있다.

부모의 혐오가 자식의 혐오로 이어지는 이러한 메커니즘 외에도 부모가 아이에게 혐오감을 주입시키는 또 다른 메커니즘이 있다. 바로, 권위적인 양육방식이다. 부모가 아이들을 양육함에 있어 지나치게 규율을 강조하고 복종을 요구하면 아이들은 잠재의식 속에서 "힘과 권위는 이 세상을 유지하는 중요한 법칙이며, 약한자는 강한자에게 복종하는 것이 당연하다"는 가치관을 갖게 된다고 한다. 이러한 가치관을 갖게 된 아이들은 자신의 마음에 들지 않는 취약한 사회적 집단을 향해 편견과 혐오를 드러내는 데 별다른 심리적 저항감을 느끼지 못한다는 것이다. 혐오의 대명사, 히틀러가 가장 대표적인 예라고 할 수 있다. 히틀러의 아버지는 매우 강압적이고 권위적이었으며 가족들에게 폭력을 일삼기도 하였다. 히틀러는 이런 아버지를 마음속 깊이 증오했지만 결국 자기도 모르게 아버지의 독선적이고 권위적인 모습을 닮아버린 것이다. 그 결과는 우리가 잘 알듯이 유대인에 대한 극도의 혐오로 나타나게 되었다.

하지만, 혐오표현을 일삼는 자들의 부모가 모두 차별적 의식을 가지고 있고 권위적인 것은 아닐 것이다. 혐오의식은 함께 어울리는 무리로부터 싹트기도 한다. 즉, 본인이 속한 무리 내에서 영향력이 있는 한두 명이 특정 집단에 강한 혐오의식을 갖고 있다면 그 역시 그러한 영향을 받지 않을 수 없다.

인간은 사회적인 동물이기 때문이다. 그러한 영향은 단순히 학습효과만으로는 설명할 수 없다. 집단 내에서 소외당하지 않으려는 심리, 우두머리나 다른 동료로부터 인정받고자 하는 심리, 그러한 행위를 통해 만족감을 느끼고자 하는 심리 등 복잡다양한 사회심리학적 메커니즘이 복합적으로 작용한다. 멀쩡하던 사람이 어느 순간 인터넷의 특정 게시판을 드나들면서부터 특정 정치집단을 혐오하는 말을 서슴지 않는 사람으로 변모하는 모습을 우리는 주위에서 종종 목격한다. 그 게시판에 상주하면서 그들의 가치관을 받아들인 결과인 것이다.

한편 혐오의식이 늘 부모나 친구와 같은 타인의 영향에 의해 싹트는 것은 아니며, 본인이 어려운 상황에 처하여 생기는 분노를 특정 집단에 대한 혐오로 발전시키는 경우도 있음을 유념해야 한다. 즉, 경제가 어렵고 실업률이 높아 힘든 상황일 때, 그 어려움의 원인을 특정 집단의 존재로부터 찾게 된다는 것이다. 희생양이론, 갈등이론, 인종위협이론과 같은 다양한 사회학적 이론들은 모두 일정부분 이러한 생각에 기반한다. 한때 군가산점제도에 대해서 남성과 여성 간 격렬한 논쟁이 오간 적이 있었다. 이러한 논쟁은 급기야 남성의 여성에 대한 혐오, 여성의 남성에 대한 혐오로까지 발전하였다. 군가산점이 옳은가 아닌가를 떠나, 이러한 이성 간 갈등 및 혐오의 밑바탕에는 취업이 어려운 젊은이들의 고민이 깔려 있다고 보아야 할 것이다.

혐오표현에 대한 법적 규제

사이버상 혐오표현에 대한 처벌이 과연 현행 형사법으로 충분한가에 대한 논의가 있다. 언급하였듯이 현재는 정통망법과 형법상 모욕 및 명예훼손 등이 가장 근접한 구성요건이라고 할 수 있다. 하지만, 이러한 현행 규정들은 지금까지 논한 사이버상 혐오표현을 처벌하는 데 다음과 같은 분명한 한계를 지닌다.

첫째, 현행 형사법규정들은 특정 사회적 집단에 대한 혐오의 표출이라는 혐오표현의 특성을 완벽히 고려하고 있지 못하다. 즉, 모욕죄, 명예훼손죄, 정통망법 모두 그 기본적인 보호대상은 개인이다. 물론 다수의 명예를 한 번에 훼손하거나 다수를 향해 모욕적인 발언을 하더라도 명예훼손이나 모욕죄에 해당되지 않는 것은 아니나, 그러한 경우에도 궁극적으로 보호하고자 하는 객체는 그 표현의 직접 대상이 된 다수의 집합체일 뿐, 그들을 넘어서는 포괄적인 사회적 집단이 아니다.

둘째, 현행법규정들은 혐오표현의 심각성에 대한 고려가 없다. 앞서 살펴본 바와 같이 혐오표현은 그 피해 당사자에게 일반적인 모욕이나 명예훼손보다 더 심각한 악영향을 미칠 뿐 아니라, 그 피해자가 소속된 집단의 구성원, 더 나아가 우리 사회 전체에까지 그 파급효과가 미친다. 따라서 개인을 향한 일반적인 모욕과 한데 묶어 똑같이 처벌하는 것은 혐오표현이 갖는 심각성을 도외시하는 것이라고 볼 수 있다.

최근 사법부에서도 혐오표현의 심각성을 인식하고 명예훼손이나 모욕의 죄를 저지름에 있어 '피해자에 대한 보복, 원한이나 혐오 또는 증오감에서 범행을 저지른 경우', '별다른 이유 없이 특정 집단이나 다수의 피해자를 상대로 한 무차별(무작위) 범행 또는 범행 자체를 즐겨서 저지른 경우'에는 형을 가중하도록 양형기준을 변경하였다. 하지만, '피해자에 대한 혐오'가 특정 집단에 대한 혐오감에 의한 것인지, 개인적 원한에 의한 것인지 구분되지 않아 혐오의 개념을 제대로 반영하고 있지는 못한 것으로 보인다. '별다른 이유 없이 특정 집단을 상대로 한 무차별 범행'이 혐오표현의 개념을 반영하고 있는 것처럼 보일 수도 있으나 '별다른 이유 없이'라는 표현이 과연 무엇을 의미하는지 명확하지 않다. 앞에서 살펴보았듯이 혐오표현을 하는 자들은 스릴을 추구하거나, 스스로를 방어하거나, 어떠한 의무감 내지는 보복심리에서 그러한 행위를 한다. 이러한 다양한 동기들 중, 과연 어디까지가 '별다른 이유가 없는' 것인지 여전히 불분명하다.

그렇다면, 당장 별도의 규정을 만들어 우리가 지금까지 논의한 특정 집단에 대한 혐오를 무겁게 처벌하면 되지 않을까? 사실 이 문제 역시 그리 간단하지 않다. 혐오표현을 법적으로 규제하기 위해서는 그러한 규제가 표현의 자유를 과도하게 제한하는 것은 아닌지 고민해 보아야 한다. 특정 집단에 대한 혐오표현이 헌법 제21조 제4항에서 말하는 표현의 자유의 내재적 한계, 즉 '타인의 명예나 권리 또는 공중도덕이나 사회윤리를 침해'하는 경우에 해당한다는 데에는 별다른 이견이 없을 것이다. 하지만, 이를 별도의 규정으로 형사처벌해야 하는지는 별개의 문제이다.

우리나라도 참여한 '시민적·정치적 권리에 관한 국제협약(International Covenant on Civil and Political Rights, 이하 ICCPR)'은 제19조 제2항에서 '모든 사람은 표현의 자유권을 갖는다(Everyone shall have the right to freedom of expression)'고 규정하고, 제20조 제2항에서 '차별선동, 적개심, 폭력과 같이 [국가, 인종, 종교에 대한 혐오를 옹호하는 행위]는 법에 의하여 금지되어야 한다(Any advocacy of national, racial or religious hatred that constitutes incitement to discrimination, hostility or violence shall be prohibited by law)'라고 규정하고 있다. 즉, 표현의 자유를 인정하면서도 혐오표현은 법으로 금지할 것을 규정하고 있는 것이다. 이에 대하여 유엔인권위원회는 이 두 조항이 서로 배치되는 것이 아니라고 해석한다.13)

우리나라도 위 협약에 참여한 국가이므로 이 협약에 따라 국가, 인종, 종교에 대한 혐오표현 금지법을 제정하여야 한다. 하지만, 우리나라에는 현재까지 관련법이 없다. 그 출발점이라 할 수 있는 차별금지법조차 우리 사회 내 다양한 집단의 시각차로 인하여 법안 상정에 난항을 겪고 있다. 하물며 혐오표현을 형사처벌을 하겠다고 한다면 더 많은 저항에 봉착하게 될 것이 예상된다.

그렇다면 다른 나라의 경우는 어떨까? 미국은 멜팅팟(melting pot)이라 불릴 만큼 대표적인 다민족, 다인종 국가이다. 또한 그 이면에는 인종차별이라는 뿌리 깊은 역사적 갈등이 존재해 왔다. 1800년대 후반부터는 KKK단(Ku Klux Klan)과 같은 극단적 백인우월주의 단체가 활동하며 유색인종에 대한 각종 혐오범죄를 일삼기도 하였다. 이러한 역사적 배경으로 인하여 미국은 일찍이 혐오범죄에 관심을 기울여 왔으며, 관련된 연구, 입법, 정책에 있어 전 세계 다른 나라들을 선도하는 위치에 있다. 하지만 폭력 등 물리력을 수반한 혐오범죄에 엄격하게 대처하는 것과는 달리, 혐오표현에 대한 규제에는 다소 소극적인 입장을 취한다. 이는 미국이 가장 중요하게 생각하는 헌법적 가치가 표현의 자유라는 점과 무관치 않다. 실제로 미국 수정헌법 제1조는 종교, 언론, 출판, 집회의 자유 등을 그 내용으로 하고 있다. 이러한 미국의 입장은 ICCPR참가국임에도 불구하고, 혐오표현 금지법을 제정하도록 한 제20조 제2항이 자국 헌법상 표현의 자유에 배치된다는 이유로 그 적용을 유보하고 있는 사실, 모욕적인 표현 및 혐오표현 역시 미국 연방헌법 수정 제1조의 보호범위 안에 든다는 연방대법원의 판례 등에서 잘 드러난다고 볼 수 있다. 다만, 그 표현의 정도가 심각하여 즉각적인 폭력적 반응을 불러일으킬 정도라면 개인에 대한 명예훼손뿐 아니라 집단에 대한 명예훼손까지도 처벌할 수 있다고 본다. 요컨대, 미국은 표현의 자유를 폭넓게 인정하여 일정한 정도의 혐오표현은 허용하나, 그 정도가 심각할 경우에는 예외적으로 처벌한다고 볼 수 있을 것이다.

미국과 달리 독일, 영국과 같은 유럽국가들은 혐오표현에 대한 규제가 보다 직접적이고 강경한 편이다. 이는 제2차 세계대전 중 유대인 대학살과 같은 끔찍한 혐오범죄의 역사를 가까이에서 경험한 탓이 크다고 볼 수 있다. 영국의 경우 혐오를 선동하는 발언 등을 폭넓게 처벌하고 있으며 그러한 내용을 저장한 문서 등을 소장한 경우에도 형사처벌의 대상이 된다. 독일은 나치 상징물을 제작, 배포, 전시하는 등의 행위를 별도로 형사처벌하고 있을 뿐만 아니라, 인종차별적인 발언으로 혐오를 선동하는 행위 또한 폭넓게 형사처벌의 대상으로 삼고 있다. 미국에서 일정수준의 혐오발언은 표현의 자유에 해당된다고 보는 것과 달리, 독일 헌법재판소는 유대인 대학살을 부인하는 등의 발언이 미치는 해악이 표현의 자유를 통해 보호하여야 할 법익보다 크다는 입장을 견지하고 있다.

한편 인접국가인 일본은 혐오표현에 대한 특별한 법적 규제장치를 갖고 있지 않다. 제2차 세계대전에 책임이 있는 당사국 중 하나로서 나치 상징물 등에 대하여 엄격하게 규제하고 있는 독일과 대비되는 모습이다. 비록 주변 국가들을 의식하여 2016년 혐오표현규제법을 제정하기는 하였으나 이는 단순히 선언적 규정으로서 구체성 및 강행성을 결여하고 있다. 일본과 같이 역사의 가해자로서 책임 있는 자세를 취해야 할 국가가 이런 태도를 견지하는 것은 우리나라를 비롯한 다른 아시아 국가들이 혐오표현을 적극적으로 규제하지 못하는 잠재적 이유일지도 모른다. 일본 내에서 우리나라에 대한 혐오표현이 쏟아져 나와도 법적으로 아무런 규제를 하지 않는데, 우리가 먼저 적극적으로 나서서 일본 등 외국인에 대한 혐오표현을 규제하는 법안을 만들자고 한다면 사회적 동의를 이끌어내기 쉽지 않을 것이기 때문이다.

한편, 표현의 자유와 관련하여 혐오표현을 법적으로 규제한다면 혐오의 대상이 되는 집단을 어디까지로 보아야 하는지 또한 생각해 볼 문제이다. 우리 사회에는 남성, 여성뿐 아니라, 흑인, 백인과 같은 인종집단, 중국인, 일본인, 베트남인과 같은 국적에 따른 집단, 이성애자, 동성애자와 같은 성적 지향에 따른 집단, 좌파, 우파와 같은 정치적 성향에 따른 집단, 노인, 장년, 청년 등 세대에 따른 집단, 경찰관, 소방관, 교사, 비정규직 노동자 등 직업에 따른 집단 등 일일이 열거할 수 없을 만큼 수많은 사회적 집단이 존재한다. 심지어 세월호 사건과 같은 대형참사의 유가족, 산불 등 대형 자연재해로 피해를 입고 있는 피해자들 또한 하나의 사회적 집단으로 볼 수 있다. 문제는 이렇게 다양한 사회적 집단에 대한 모든 혐오표현을 법적 규제의 대상으로 삼는다면 표현의 자유가 과도하게 제약될 우려가 있다는 것이다. 혐오표현을 규제하는 대부분의 국가에서 성별, 인종, 출신국가, 종교 등은 보호받아야 할 대상으로 보고 있다. 하지만, 장애, 성적지향, 정치적 성향과 같은 요소들에 대해서는 국가별로 차이가 있으며, 미국의 경우에는 각 주별로 그 보호대상 집단이 다르다. 이러한 보호집단의 범위 역시 더 많은 논의와 함께 사회적 합의가 필요한 영역이라고 할 수 있을 것이다.

이렇듯 혐오표현에 대한 법적 규제 여부와 그 정도 및 범위는 나라별로 다르며, 이러한 차이는 표현의 자유를 어디까지 인정할 것인가에 대한 사회적 합의의 차이에 기인하는 것이라고 볼 수 있다.

앞으로의 전망과 대응방향

지금까지 사이버혐오의 개념부터 그 특징과 심각성, 가해자들의 심리 및 혐오의 원인, 법적 규제를 둘러싼 쟁점들에 이르기까지 사이버혐오를 둘러싼 다양한 논의들을 살펴보았다. 현실세계에서는 잠재적 갈등요소에 불과하던 문제들이 비대면성, 익명성이라는 특징을 갖는 사이버공간에서는 보다 직접적이고 여과 없이 드러나게 된다. 누구나 쉽고 빠르게 하고 싶은 말을 할 수 있고, 누구나 쉽게 접근하여 어떤 말들이 오가는지 확인할 수 있는 공간이 사이버공간이다. 혐오표현은 이러한 사이버공간의 특성에 힘입어 날이 갈수록 심각해져간다.

혐오표현의 해결책으로 가장 손쉽게 고려해 볼 수 있는 방법은 법적 규제이다. 하지만 특정 표현을 법적으로 규제하려는 순간, 우리는 표현의 자유라는 양보할 수 없는 헌법적 가치와 맞닥뜨리게 된다. 물론 표현의 자유가 절대적인 것은 아니다. 표현의 자유에도 내재적인 한계가 있으며, 과도한 혐오표현은 그러한 내재적 한계범위 밖에 있는 것으로 보아야 한다. 하지만 과연 어디까지가 그 '과도한'의 범주에 속하는지 결정하는 것은 여전히 쉽지 않은 문제이다. 구체적으로 어떠한 표현이 과도한 표현인가, 또한 어떠한 집단에 대한 혐오표현이 도저히 용납할 수 없는 표현인가 등에 대한 보다 많은 논의와 사회적 합의점을 찾아가는 과정이 필요하다.

포괄적 차별금지법을 제정하는 것이 하나의 해결방안이 될 수 있다. 혐오는 결국 특정 집단에 대한 차별적 사고에서 비롯되는 것이며, 차별금지법을 통해 선언적으로나마 특정 집단에 대한 차별적 사고나 혐오가 사회적으로 용납되지 않는다는 메시지를 줄 수 있기 때문이다. 우리나라에도 차별금지법을 제정하기 위한 시도가 없었던 것은 아니지만, 여러 단체의 이해관계가 맞물려 합의점을 찾아내지 못하였다. 결국 이러한 법적 규제방안을 마련하는 문제는 효과적인 사회적 합의를 이끌어내는 데 달려있다고 볼 수 있다.

보다 근본적인 해결책을 찾기 위해서는 혐오의 원인과 심리를 들여다볼 필요가 있다. 앞서 살펴보았듯이 부모의 잘못된 양육방식, 왜곡된 또래문화, 개인이 처한 어려운 상황 등이 혐오의 원인이 될 수 있다. 스릴추구, 방어, 의무감, 복수와 같은 혐오의 심리 또한 이러한 원인과 맞물려 있다. 즉, 왜곡된 또래문화 속에서 스릴을 추구하는 혐오표현이 나타나고, 개인이 처한 어려운 상황 속에서 방어, 의무감, 복수와 같은 심리가 나타나는 것이다. 부모의 잘못된 양육은 이러한 심리가 더 잘 발현되도록 하는 바탕이 될 것이다. 결국, 우리가 지향해야 할 것은 아이들에게 바른 가치관을 심어줄 수 있는 올바른 교육과 청소년들에 대한 적절한 선도, 소외된 계층에 대한 배려와 관심이다. 다소 추상적이고 원론적이지만, 이러한 노력들 속에 결국 혐오를 포함한 모든 사회문제의 근본적인 해결책이 있음을 어느 누구도 부인하기 어려울 것이다.

대림동 여경은 비난받아 마땅한가?

대림동 여경은 비난받아 마땅한가?

    2019년 5월 15일 서울 구로구 구로동에서 남자 경찰관이 한 취객에게 뺨을 맞은 뒤 제압하는 과정에서 함께 있던 여자 경찰관이 밀려나는 장면이 동영상으로 촬영되어 인터넷으로 퍼졌다. 이에 '여경의 대응이 미숙했다', '여경무용론' 등 여경에 대한 비난이 일었다. 청와대 국민청원 게시판에는 여경 폐지 청원이 올라왔고, 경찰청장까지 "여경은 물러선 것이 아니라 적절한 조치를 했다"고 여경에 대한 비난을 방어하려 하였으나, 비판여론은 계속 이어졌고 현직 여경으로 구성된 여경젠더 연구회에서는 "대림동 여경에 대한 비난은 여경 혐오이고 이를 멈춰달라"고 성명을 발표했다.

    서울 지역 지구대에서 근무하는 여경은 "많은 여경이 각자 자리에서 열심히 일하고 있는데, 혐오의 시선으로 전체를 매도하는 것 같아 안타깝다"고 했다. 남자 경찰관도 "남경이냐 여경이냐를 따질 겨를이 없이 함께 고생하는데, 단지 성별을 이유로 공격하면 힘이 빠진다"고 했다. 형사과에서 7년 이상 근무한 한 경찰은 "폭력적이거나 위험한 출동 현장에서는 아무래도 여경보다는 남경을 선호하게 된다"며 "여경의 비율이 높아지는데 그만큼 경찰조직의 능력도 개선될지에 대해선 회의적인 목소리가 꽤 있다"고 했다(2019.8. 머니투데이).

출처: 중앙일보

　최근 논란의 대상이었던 '대림동 여경'사건은 근본적으로는 한국사회에서 여성에 대한 불신과 차별적 의식이 반영된 것이다. '수사반장'에 시작하여 CSI, 범죄드라마에 만들어진 강한 남성상에 근거한 경찰의 이미지는 대중의 인식에 깊이 남아있다. 남자 경찰관이 두 명 출동하더라도 두 명의 주취자를 제압하기는 어려운 것이 현장 상황인데 여자 경찰관이 혼자 남성 한명을 무릎으로 누루고 현장을 제압하는 장면은 오히려 박수를 보내고 싶을 정도였다. 문제가 된 '남성분 수갑 채우세요' 이 한마디는 상황을 해결하고자 하는 노력이었으나 이마저도 무능력하고 나약한 여경의 도움 요청으로 폄하되었다.

　'대림동 여경'에 대하여 시민들과 현직 경찰관들은 여경에 대한 불신과 혐오를 그대로 나타냈다. 하지만 여자 경찰관이 전체 경찰의 40% 정도 된다면? 영국처럼 여자 경찰청장과 경찰대학장, 형사국장 등 요직을 여경이 다 감당하고 있다면 어떨까? 너무 소수의 여자 경찰관이 민원실, 여성청소년 등 제한 업무에만 근무한 결과는 아닐까 한다. 40% 정도의 여경이 근무하고 있었다면 여경의 범인제압 영상은 촬영되지도 않았을 것이고 전국민의 관심과 비난의 대상이 되지도 않았을 것이다. 하지만 '대림동 여경'은 여자 경찰관에 대한 비난과 동시에 여경을 국민적 관심의 대상으로 만들었다.

그럼 왜 여자 경찰관은 적게 뽑을까?

경찰대학이 신입생 모집시 여성선발 비율을 12%로 제한하는 것은 차별이라는 국가인권위원회의 결정이 있었다. 경찰대 지원했던 여학생 3명이 탈락하자 경찰대가 120명의 정원 중 여학생은 10%인 12명만 선발하고, 2015학년도에는 정원 축소로 100명을 모집하면서 여학생을 12명만 선발하는 것으로 공고하여 여학생 비율을 제한하는 것은 성차별이라며 진정을 제기했다.

2006년에도 인권위원회에서는 경찰대학과 경찰간부후보생 여성 10% 선발과 순경채용 여성 20% 제한에 대하여 성차별에 해당한다고 시정을 권고하였다. 하지만 경찰청에서는 첫째 외근업무비중이 많은 경찰업무에서 여경을 배치하면 범죄대응력이 낮아지고, 둘째 여경은 체력적 조건, 임신 및 육아문제로 내근부서에 근무하여야 함에 따라 남자 경찰관들이 인사이동시 불이익을 받는다는 것이다. 셋째 여경이 출산 등으로 장기간 결원이 지속될 경우 남자 경찰관이 업무에 대한 압박을 더욱 받게 된다는 것이다. 넷째, 남녀 성분할모집을 폐지한다면 체력시험에서도 동일한 기준이 적용되어야 하며 이로 인해 여경의 채용비율은 더욱 감소할 것이라는 주장이다(국가인권위원회, 2014).

경찰청은 물리력과 강제력이 수반되는 업무위주인 경찰직무 특성과 조직 내 여경 비율을 고려해 성별을 구분해 선발하고 있다고 밝혔다. 또한 경찰대 졸업 후 초급 간부인 경위로 임용되기 때문에 경찰대 신입생 모집에서 여성비율 제한을 없애면 순경으로 입직하는 여경의 고위직 승진 기회를 제한하는 등의 문제가 있다고 하였다. 하지만 남자 경찰관의 경우에는 경찰대 졸업생 90

명, 간부후보생 45명이 충원되고 있다. 남자 경찰관은 중간계급의 경위입직이 이루어지고 있는 현실임에도 여경의 경위충원만 비판하는 것은 모순이 있어 보인다.

2005년 인권위는 성별이 경찰관 직무를 수행하는 데 필수적인 자격 요건 (진정직업요건)이라고 보기 어려우니 성별 구분 모집을 폐지할 것과 2004년 9월 경찰간부 후보생 여성채용 비율을 10%로 제한한 것은 성차별이므로 확대할 것을 권고한 바 있다. 인권위는 이번 사안에 대해서도 2012년 경찰공무원을 성별 구분 없이 선발한 사례에서 여성의 채용 비율이 38%에 달한 점 등을 근거로 경찰대 모집시 성별 구분을 없앨 경우 여성 합격자가 12%를 훨씬 상회하게 될 것이라며 차별이라고 판단했다. 또한 인권위는 2014년까지 여자 경찰관의 비율을 전체의 10%로 확대하는 경찰청의 '여경채용목표제'에 대해서는 그 목표의 상향을 검토해야 할 시점으로 보았다고 밝혔다.

김현 의원이 발표한 자료에 따르면 현재 전국 126개 경찰서에서 운영 중인 성폭력 전담수사팀에서 근무하는 경찰공무원은 총 592명이고, 이 중 여경은 109명에 불과하다. 특히 광주, 대전, 울산, 강원, 충북, 전남, 제주 등의 지방청에는 3명 이하의 여경이 배치된 것으로 집계돼 피해자 보호와 지원이 필요하다고 보고 있다(출처: 여성신문).

하지만 2019년 9월까지도 순경채용시 여경의 비율은 23% 정도로 제한하고 있다. 한국 여자 경찰관은 65년의 역사에도 대부분이 여성 청소년이나 내

❏ 순경 공채/101경비단/전의경 경채/경행 경채 (3,334명)

분 야		인원(명)		공고일시	필기시험	합격발표
1차	순경 공채	男	1,041	3. 22.(금)	4. 27.(토)	7. 19.(금)
		女	396			
	101 경비단		120			
	전의경 경채		150			
	소계		1,707			
2차	순경 공채	男	1,012	7. 12.(금)	8. 31.(토)	11. 29.(금)
		女	387			
	101 경비단		120			
	경찰행정 경채		108			
	소계		1,627			

※ 경찰대학생(100명)과 간부후보생(50명) 채용 일정은 경찰대학과 경찰인재개발원에서 별도 공지

자료: 2019년 경찰채용(경찰청).

근 업무에 한정되어 있고 채용시 성분할 모집으로 전체 경찰의 10% 정도를 점하고 여경의 80% 이상이 경사 이하 하위직에 머물러 있다.

2017. 10. 19 경찰개혁위 대국민 중간보고(2017. 한국일보)

이철성 경찰청장이 19일 오전 서울시 미금동 경찰청에서 열린 경찰개혁위원회 대국민 중간보고회에서 발언을 하고 있다. 연합뉴스

2017.10.19 경찰개혁위는 여자 경찰관이 조직 내에서 소수로 주변부에 머무는 점을 개선하기 위해 경찰대 신입생 모집과 간부후보 채용시 성별 제한 비율을 폐지하고, 순경 공채시 성별 구분 없는 통합모집 실시를 권고했다. 현행 경찰공무원 임용령 등에 성별 분리 모집 근거는 없지만 경찰은 관행적으로 경찰대 신입생 모집과 간부후보생·순경 채용에서 정원 10~12% 수준에 한해 여성을 분리 선발했다. 이로 인해 최근 3년간 여성 경찰 채용 경쟁률은 남성 경찰에 비해 평균 2.7배 높지만, 전체 조직에서 여성 경찰 비율은 10.8%(9월 기준)에 머문다. 경찰은 현장 치안력 약화 우려 등을 고려, 전문가 연구용역을 거쳐 2019년 경찰대·간부후보생에 한해 남녀 통합모집을 우선 시행할 방침이

라고 발표했다. 하지만 여자 경찰관 체력시험에서 팔굽혀펴기 정자세등 체력기준을 강화하여 오히려 여성지원자의 합격이 어려워질 수도 있다. 미국, 영국, 프랑스, 독일 등 선진국의 경우 여성에게 불리한 상체근력위주의 체력시험은 성차별에 해당한다고 보아 폐지하였고, 계단오르기, 방아쇠당기기, 무거운 인형끌기 등 직무관련성이 있는 종목으로 단순화하고 개선하고 있다.

한국의 팔굽혀펴기, 윗몸일으키기 등 상체근력위주의 체력시험으로 최종합격을 결정하는 방식은 여성지원자에게 불리하게 작용할 수 있다. 외국은 신체검사는 PASS−FAIL 방식으로 경찰지원자의 신체적, 정신적 건강상태를 체크하는 수단 정도로 활용하고 체력은 합격 후 훈련과정에서 향상시킬 수 있다

선진국의 경찰체력시험 남녀차이

구분	여경 현황	체력시험 남녀차이
미국	− 전미 평균 12.14% 여경, 대도시의 경우 20% 이상 − 출산시 3개월 유급휴가 − 경찰서 24시간 탁아시설 − NCWP, MAAWLE 등 여경연합활동 (교육, 리더십, 정보공유) − 성분할 모집 없음 − 업무, 승진 등에 남녀 차이 없음	− 경찰업무관련 최소기준 마련 여성에게 분리한 기준 폐지 소급임금배상(민권법 7조) − 뉴욕(남녀동일 기준) 장애물넘기, 계단 오르기, 시뮬레이션측정, 달리기, 마네킹 끌기, 방아쇠당기기 − 워싱턴 수직점프, 윗몸일으키기, 0.5마일 팔굽혀펴기(남 35회, 여 15회) 왕복달리기(남 4분29초, 여 5분34초) − LAPD: 남녀동일 기준 PASS, FAIL 윗몸일으키기, 300미터 전속력달리기, 팔굽혀펴기, 1.5마일 달리기 (횟수제한 없이 응시, 12개월 유효)
영국	− 1975년 남녀 성 분할모집 폐지 − 불리한 그룹 우선채용 (Pocitive Discrimatin) − 여경비율(29.1%) − 청장급(26.8%) − BAWP 등 여경단체 − 내무부, 인권위와 연계활동	− 남녀의 Vo2(생물학적 산소요구량) 차이 인정 동일한 체력 불가능 − 15미터 달리기, Push−Pull기계 사용 (남녀, 나이별 다른 기준) − 비만도, 혈액건강, 심폐건강 유연성, 호흡기능검사로 대체

프랑스	− 1991년 남녀 성 분할모집 폐지
	− 남녀동일업무 배치
	  임신이후출퇴근 시간조정
	− 출산휴가 16주부터 28주까지
	− 여경비율(19.2%)
		− 순경, 경위, 경정까지 체력동일
		− 10가지종목(여 1분50초, 남 1분37초)
		  모래주머니끌기(여 25kg, 남 40kg)
		  왕복달리기(여 5분, 남 7분30초)
		  신속성, 민첩성, 교차성 강조
		  남녀차별요소제거

대만	− 2007년 남녀 성 분할모집폐지
	  여경합격 52.4%
	− 수유실, 휴게실, 화장실확충
	− 여경비율(12.61%)
		체력시험 단순화, 남녀기준 차이
		− 1200미터(여 380초),
		  1600미터(남 350초)
		− 넓이뛰기(여 130미터, 남 190미터)

일본	− 2023년 10%까지 여경비율확대
	  조직폭력, 현장감식, 경호분야확대
	− 여경수면실, 베이비시터제도
		− 경시청
		  사이드스텝, 셔틀런, 팔굽혀펴기,
		  윗몸일으키기
		− 오사카부
		  윗몸일으키기(남 17회, 여 7회)
		  팔굽혀펴기(남 10회, 여 7회 이상)
		  사이드스텝 (남 20초간 38회, 여 20
		  초간 32회)
		  악력(남 35키로 이상, 여 30키로 이상)
		  버피테스트(남 2분 이상, 여 1분 20초
		  이상)
		− 교토 경찰서
		  악력(남 32kg 이상, 여 21kg 이상),
		  팔굽혀펴기(남 10회, 여 6회 이상),
		  윗몸일으키기(남 24회, 여 20회 이상),
		  사이드스텝(남 45회, 여 42회 이상),
		  20m 셔틀런왕복달리기(남 67회 이상,
		  여 41회 이상)

한국	− 현재 2495명 중 여경 475(19%)
	− 여경 중 80%가 경사 이하
	− 여성, 청소년 등 한정된 업무
	− 간부 출신 여경 업무, 승진우대
	− 채용 시 15%내외 성분할 모집
	− 여경편의시설, 보육시설 부족
	  여경전용장비 부족
		− 2008년부터 팔굽혀펴기 도입
		− 상체근력위주(3개 항목)
		  체력검정 여성 불리하게 작용
		− 체력최저기준
		  윗몸일으키기(남 21개, 여 12개)
		  악력(남 37kg, 여 21kg)
		  팔굽혀펴기(남 12개, 여 10개)
		  100미터 달리기(남 17초, 여 21.6초)
		  1,000미터 달리기(남 280초, 여 348초)

자료: 박선영 (2019), "선진국의 경찰체력시험 남녀차이에 관한 연구", 한국경찰연구학회 18
권 2호

고 보고 있다. 특히 경찰청에서 훈련프로그램과 1년 동안 수차례 응시할 수 있는 기회마저 제공하고 있어서 수험생들이 한국처럼 전문체육학원에 응시해서 인대가 파열될 정도로 훈련하여 응시하지는 않는다.

한국 여자 경찰관이 되려면?

한국의 경찰체력시험은 필기 50%, 체력 25%, 인적성 25%로 결정된다. 체력시험은 100m 달리기, 1,000미터 달리기, 윗몸일으키기, 좌우악력, 팔굽혀펴기 5개종목을 통과해야 한다. 남녀의 점수배점은 차이가 있다. 2018년에는 전체채용인원의 15%, 2019년에는 25%를 여성으로 채용하고 있다, 하지만 이러한 비율을 정하는 것은 '남녀고용평등법', '근로기준법', '헌법상 평등권' 위반으로 2005년부터 계속 국가인권위원회의 시정권고를 받은바 있다. 최근에는 여성가족부와 경찰청에서는 '공공부문 여성대표성 제고 5개년 계획'으로 2022년까지 여경을 15%까지 늘리겠다고 발표하였다.

서울의 경우 남자지원자의 합격점은 330점, 여성은 351점으로 여성이 20점 이상 높게 나타난다. 2018년 기준으로 남자는 23:1이고 여성의 경우는 71:1을 나타냈다. 여성의 경우는 높은 점수를 취득하고도 불합격하는 결과가 지속되어 왔다. 이에 2017년 경찰개혁 위원회에서는 2020년부터 남녀 성분할 모집폐지를 권고하였으나 경찰청에서는 2019년부터 경찰대와 간부후보생의 남녀 통합모집을 실시하겠다고 밝혔고 순경채용의 경우에는 성분할모집을 유지하고 있다. 2018년 여자순경 채용비율은 전체의 15%에 불과하였다. 2020년에도 성분할모집은 계속될 것으로 보인다.

경찰청 성평등정책담당관의 해임 청원 2018.7.5

"100m 달리기·팔굽혀펴기, 꼭 필요한가" 지적 논란에 靑국민청원에 '경찰 성평등정책 담당관 해임' 요구가 게시되었다, "근력 없는데 범인 어찌 제압하나"하는 여경에 대한 비판도 쇄도하였다. 해외는 '같은 조건'에 합격점 기준만 다르다는 여론도 나타났다.

경찰청 성평등정책담당관은 '여성경찰 숫자 확대에 따라 치안력이 약화될 우려는 없는가' 하는 질문에 이렇게 답했다. 이 담당관의 발언이 여경의 체력검정 기준 완화나 여경 채용 때 달리기나 팔굽혀펴기를 폐지하겠다는 뜻으로 해석되면서 경찰 안팎에서 반발이 나오고 있다.

29일, 청와대 청원게시판에는 '이성은 경찰청 성평등정책담당관의 해임을 청원합니다'는 제목의 청원글이 올라왔다. 국민청원 게시판에는 5일까지 경찰과 소방관의 체력시험 기준을 성별에 관계 없이 동일하게 해달라는 청원도 23건이 올라왔다. 대부분 모두 여성의 체력검정기준이 남성보다 낮아서 남성이 역차별을 받았다는 내용이었다.

서울 경찰서 지구대에서 근무하는 경찰은 "주취자를 제압하는 현장에서 여경들을 보호해야 할 때가 많다"며 여경에 대한 불신을 표시했다. 하지만 여경들은 경찰 외근 업무에 팔굽혀펴기가 반드시 필요한 것은 아니라고 불만을 나타냈다.

그럼 여경은 경찰에서 어떻게 일하고 있는가?
유리천장, 성차별, 육아, 소외

경찰에는 경찰만의 독특한 문화가 존재한다. 경찰문화(Police Culture)란 경찰의 의식구조, 사고방식, 가치관, 태도 등 경찰관의 행동을 규제하는 가치와 행태변화요소를 포함하고 있다. 경찰문화는 강제적 권위의 행사와 우월한 지위 유지, 남성중심주의, 동료집단에 대한 충성, 비밀주의를 들고 있다. 이러한 경찰문화 속에서 다수의 남자경찰관은 여경에 대하여 누리고 있는 우월적 지위와 특권을 잃을까 두려워 여경을 차별하고 여경의 수적인 증가에 저항을 한다. 경찰의 조직문화 속에서 여경에 대한 차별적, 저항적 분위기는 여경이 조직에 몰입하고 직무만족하는 것을 저해한다. 여경이 임신, 육아, 가사 등의 부담으로 남자 경찰관과 동등한 근무를 하지 못하는 경우에는 여경에 대한 저항과 부정적 태도는 더욱 강해진다. 소수자 그룹이 15% 미만인 경우 개인은 타인의 시선을 의식하게 되고 극도의 예민함과 스트레스를 받게 된다. 결국 여경들은 전문적인 분야에 근무할 수 없게 되고, 할당제로 승진을 하거나 과보호를 받게 되면 능력을 상실하고 조직에도 낮아진다.

외국의 여경들도 공통적으로 남자 경찰관의 저항과 사회의 부정적 인식, 가사, 육아부담을 경험하면서 역할갈등과 스트레스를 경험하고 있다. 영국, 미국, 프랑스, 호주 등 서구권 여경들은 이러한 여성 관련 문제를 인식하고 성차별, 성희롱에 관한 소송을 벌이는 등 상당한 수준의 인식과 저항을 하고 있다. 그러나 한국, 일본, 중국 등 아시아권 국가들은 채용시부터 성별분할모집과 한정된 업무, 승진할당제하에서 여경 스스로 자신들의 열악한 조직 내 근무환경, 조직 내의 여경의 지위와 권한에 대한 인식를 제대로 하지 못하고 있다.

요약하면 남성우위의 권위적인 경찰조직 문화하에서 여경은 여성으로서의 권리나 경찰관으로서 지위를 제대로 누리지 못한 채 소수집단으로 상징적 권한행사와 지위에 만족하며 조직생활을 하고 있다. 남자 경찰관 조직문화와 여자 경찰관 조직문화의 차이점은 전자는 상명하복적 권위주의 문화를 유지하고 있으며, 후자는 그 하위문화로 남자 경찰관의 문화에 복종하고 한정된 역할과 지위에 안주하며 여성으로 가정 내의 가사, 육아부담을 안고 역할갈등과 정체성의 혼란을 경험하고 있다.

한국 여경은 65년의 역사를 가지고 있고 순경채용 경쟁률은 평균 30대 1 정도를 상회한다. 2009년의 경우에는 200대 1 정도를 나타내기도 하였다. 평균학력은 대졸 이상으로 남자 경찰관에 비해 학력수준도 높아 여경에 대한 자부심이 상당하다. 그러나 현실적으로는 육아나 가사 등의 부담으로 여성이 근무하기 수월한 부서에서 야간당직, 불심검문, 동원 등에서 면제받기를 원하는 경향이 있다. 남자 경찰관들은 심야에 난동을 부리는 주취자 처리, 강력사건의 경우 여경을 오히려 보호해야 하는 부담감마저 느낀다고 한다. 이를 개선하기 위해서는 24시간 보육시설과 가정에서의 가사분담 등이 필요하다. 이와 같은 경찰조직 문화하에서 여경은 1946년부터 채용된 순경공채출신, 1991년 부터 선발된 여자 경찰대 출신, 2000년부터 선발한 여경 간부후보생으로 다시 나누어져 있다. 채용시 성분할모집, 여경 근무영역의 확대, 인사, 교육 등에 여경의 특성과 현실을 감안한 정책을 제시하고 의견을 논하기 위한 결집된 노력이 이루어 지지 못하고 있다. 소수집단이 출신별로 나누어져 있고, 각 출신 별 서열을 유지하고 있다. 여경의 조직문화는 성별로 남자 경찰관과 분리되어 지고, 다시 경찰대 출신과 간부후보생 출신, 공채 출신으로 나누어지는 경향이 있다.

여경역사 74년! 하지만 아직도 80%는 하위직

국내 최초의 여자경찰 (1946)

1954년 8월 23일 서울여자경찰서 안맥결 서장 송별기념 사진. / 사진출처=대한민국 여경재향 경우회(2007년)

여경의 인터뷰에서 알 수 있듯이 "형사과에 여자라니 예전에는 상상도 못했던 일"이라고 말한다. 수가 적기도 하지만 '여자는 안된다'는 편견으로 예전엔 현장 업무에서 여자 경찰관을 배제하는 일이 많았다. 지구대나 파출소·

형사과에 여성 경찰관이 배치된 것도 1990년대 들어서야 가능했다고 한다. 경찰대 출신 여자경위가 파출소에 근무했을 때 '최초의 여자파출소장'으로 대통령이 전화를 하고 인터뷰를 하기도 했다. 중앙일보의 여경 인터뷰에서 36.6%가 승진이나 업무에서 불평등이나 차별을 경험했다고 답했다.

"정보 외근 부서에 가고 싶어서 별도로 관련 교육도 받았어요. 사람 만나는 것도 좋아하고 일을 잘할 자신도 있었거든요. 그런데 정보 외근 부서가 워낙 남성 위주로 구성돼 여자 경찰관을 꺼리더라구요"(경기지역 40대 경찰).

"예전에 여자 경찰관이 표창·포상 대상이 되면 '니들은 여경의 날에 받으면 되지 않느냐'며 후순위로 미뤄서 서운했어요"(인천지역 40대 경찰).

"같은 사무실 직원이 수사를 하려면 여러 경험을 해 봐야 한다며 나에게 성경험을 묻더군요"(대전지역 40대 경찰).

"선배가 연하장을 보냈는데 옷을 다 벗고 있는 여성이 절을 하더군요. 불쾌했습니다"(부산지역 30대 경찰).

중앙일보 조사에서도 46.6%가 "여경을 홍보에 활용하는 것이 불편하다"고 응답했다.

"너무 여성성을 홍보하는 것처럼 느껴졌어요. 당사자도 내키지 않을 겁니다"(제주지역 50대 경찰).

"유치원 방문 등 각종 행사는 물론 홍보사진을 찍는데도 꼭 여경이 동원돼요. 문제 있는 것 아닌가요?"(전남지역 30대 경찰관).

경찰서 형사파트에 근무 중인 모경정은 2030년까지 여경의 비율을 30%까지 늘리는 것에 찬성한다며 "여경과 남경은 신체적 조건을 제외하고는 차이가 없다"고 밝혔다. "육아와 출산 등에 대한 문제는 다른 방법으로 해소해야 할 부분으로, 이를 문제로 차별을 두면 안된다고 생각한다"고 했다(머니투데이: 2017).

이러한 인터뷰에서 알 수 있듯이 74년의 역사와 20%를 넘는 인원이 단지 여성이라는 이유로 채용시의 50대 1 이상의 경쟁률을 통과하고 남성 지원자보다 10점 이상이 높은 채용시험을 합격하고도 중앙경찰학교 졸업이후에는 여성청소년계나 민원실 등에 주로 근무하고 80% 이상이 경위 이하 하위직에 머무르고 있다.

특히 임신, 육아 등으로 20−30대 여경은 출산 이후 경찰서나 지구대 단위에서 야간근무나 출근 후 육아를 도와줄 사람이 없는 경우 대부분을 휴직을 선택하고 있어서 승진이나 중요업무에서 배제되고 있는 실정이다. 그럼에도 동료경찰관이나 경찰조직에서는 여전히 여경을 비난하고 업무능력, 책임감에 대하여 불신감을 나타내고 있다. 가족이나 남편도 일반직장과 다르게 이른 출근, 검문검색동원, 여성유치인 신체검사 등으로 가사, 육아에 지친상황에 불만을 나타내고 있어 여경의 상당수는 미혼이거나 출산, 육아를 기피하고 있다. 출산 이후에는 민원실, 내근, 휴직을 선택하여 승진, 경력 등에 단절을 경험할 수밖에 없다.

이러한 악순환을 피해기 위해서는 여경을 위한 24시간 육아시설, 시간제 베이비시터, 청사내 보육시설, 근무조정이 이루어져야 출산율에도 기여하고 일, 가정 양립이 가능하다. 외근, 야간근무가 많은 경찰업무를 수행하는 근무 특성상 이러한 문제가 선진국의 경우처럼 해결되어야 할 것이다.

다른 나라 여자 경찰관은 문제는 여럿이 단체를 만들어 해결하고 있다.!

다른 나라 여자 경찰관은 문제는 여럿이 단체를 만들어 해결하고 있다.!
경찰공무원 노동단체는 경찰공무원이 주체가 되어 자주적으로 단결하여 근로조건을 유지, 개선, 경찰공무원의 경제적, 사회적 지위향상을 도모하고자 조직하는 단체 또는 연합으로 정의된다. 경찰관의 연대의식을 높이고 근로조건, 지위향상, 복지증진을 통해 사기를 높이고 행정개선을 통해 조직발전을 도모하는 것을 목표로 한다, 연금, 수당, 부당성, 채용기준, 임명, 징계, 승진, 해고, 업무능률향상 등 절차상 권리에 있어서의 사용자 측과의 협상과정을 중요시한다. 특히 여경은 단체활동(Women Police Association)을 통해 여성의 권리 및 지위확보, 근로조건향상, 복지증진을 통해 여성의 평등권확보를 목표로 하고 있다. 여경단체는 조직, 인력, 재정을 확보하고 여성의 지위향상과 여성의 인간화를 위해 노력하는 많은 여성단체와 그 특성이 유사하다.

출처 : IAWP.

현재 미국, 영국, 프랑스, 호주, 아프리카 등 전 세계적으로 지역단위, 국가단위의 여경단체가 활동중이며, ENP(European Network of Police women)이나 IAWP(International Association of Women Police) 처럼 국제적 단체도 있다. 여경단체들은 국가기관으로부터 보조금을 받거나 기금을 형성하여 회원제로 유지되기도 하고 국가기관이나 정치단체로부터 완전히 독립하여 회원들의 기금이나 외부 대학, 기업으로부터 후원금으로 활동하는 NGO의 형태를 띠기도 한다. 매년 혹은 2−3년에 한번씩 Gender, 임신출산, 복지, 여경지위향상 등의 주제로 지역단위, 전세계적 연합단위의 학술 세미나를 개최하고 인터넷, 잡지, 학술지 등의 발행을 통해 네트워크를 형성하고 있다. 여경뿐만 아니라 남자 경찰관, 학자, 기업체직원, 변호사까지 참여하는 여성문제 전문기구로 각종 여성, 아동 단체와 연계하여 활동 중이다. 단순히 여경권익신장, 복지의 차원을 넘어 UN과도 연계하여 그 규모를 확대하고 있다.

한국 여경이 65년의 역사에도 불구하고 미국, 영국, 프랑스, 호주 등의 국가에 비해 그 규모나 승진, 업무범위가 제한되어 있고 여경 지위, 인식도가 낮은 것은 여경단체를 통한 네트워크, 전문화, 정보교류가 없었다는 것도 하나의 요인이 될 것이다. 한국에서는 공무원의 단체활동이 허용되지 않고 있어 여경만의 단체활동이 현실적으로 어려운 면이 있으나 네트워크, 전문화를 위한 차원의 교육이나 연합은 필요하다. 남자 경찰관과 달리 공식적, 비공식적 활동이 제약이 많은 여경을 위한 의식적인 연합이나 교육이 절실하고 국제적인 연합이나 이슈에 동참하는 노력도 기울여야 한다.

그럼 여자 경찰관은 앞으로 어떤 모습으로 발전해 나가야 할까?

2009년 미국 캘리포니아주 콩코드 경찰서에서는 여경간부가 남녀 성차별을 이유로 콩코드시를 상대로 소송을 제기하였고 콩코드 시는 125만 달러(14억 원)를 지불한 바 있다. 이제는 여성에 대한 성차별 극복이 문화적 현상이 아니라 법과 제도적으로 지켜야 할 규범으로 자리 잡아가고 있는 것이다. 그러나 한국에서는 아직도 여성이라는 이유로 여경 채용시 남녀분할모집과 승진할당제를 적용받고 있고 여경은 오히려 이를 특혜로 받아들이고 있다. 외국의 경우에는 여경 채용시 남녀 분할모집은 명백한 성차별로 폐지되었으며 승진시 여성의 할당제도 여성을 제한하여 무기력하게 만드는 결과를 초래한다고 보고 동등한 경쟁을 통해 승진해 총경급이 15% 정도를 상회하고 있다. 영국의 경우에는 26%가 여경이고 여경단체에서는 여경인원을 경찰인원의 46%까지 늘릴 계획이다.

이러한 여경지위확보와 여성인권보호를 위해 미국, 영국, 프랑스, 호주에서는 여경단체(Police Women Association)를 결성하여 전 세계적인 네트워크를 형성하고 세미나, 정보교류, 여성문제해결, 복지증진에 힘을 모으고 있다. 여경의 경우 남자 경찰관과 달리 부패에 연관되는 경우가 적고, 여성, 아동에 대한 이해와 경험으로 성폭력, 아동문제에 대하여 남자 경찰관보다 문제해결 및 피해자에 대한 세심한 배려가 가능하다. 그러나 육아, 가사의 부담, 체력적 한계, 남성문화로부터 소외로 사회적 네트워크 부재 등 여성으로서의 한계점도 있다. 따라서 여성으로의 특성과 장점을 살리고 한계점을 최소화할 수 있도록 육아시설의 지원, 근무부서의 배치, 근무시간 조절 등이 국가적 차원에서 마련되어야 한다. 또한 한국 여경은 국민과 남자 경찰관의 불신과 불안을 해소시키 위해 여경전문화 과정과 훈련, 여성단체와의 연대와 성인지 의식, 여경 리더십 개발 등 다양한 차원의 자기개발과 남자 경찰관과 동등하게 근무하겠다는 의지와 노력이 선행되어야 한다.

여경의 사회적 기여는 여성범죄 성폭력범죄 수사 등에 국한되지 않는 여성의 사회적 진출, 성평등, 자아실현 등 다양한 의미를 담고 있다. 이러한 시대적 소명의식으로 여경의 활동과 직무영역의 확대를 위해 경찰조직 내외에서의 진정성 있는 조력이 필요하다고 본다. 앞으로 여자 경찰청장이 나올 수 있도록 여경 스스로 유리천장과 유리벽을 두드리고 깨나가야 할 것이다. 이러한 도전에 비난과 혐오가 아닌 동등한 기회와 교육, 시설, 장비 등이 마련되어야 할 것이다.

"정의란 누구에게나 동등한 기회가 주어지는 것이다."

마이클 샌델 '정의란 무엇인가' 중에서

공적 수사의 한계를 뛰어넘다:
탐정(민간조사) 산업의 성장

공적 수사의 한계를 뛰어넘다:
탐정(민간조사) 산업의 성장

영화 · 드라마 속에서의 탐정

탐정은 과거에도 영화·드라마의 좋은 소재거리가 되었으나, 최근에는 그 인기가 더욱 커진 것을 볼 수 있다. 영화 셜록홈즈 시리즈가 전세계적으로 인기리에 상영되었으며, 명탐정 코난 시리즈도 애니메이션과 극장판 영화로 절찬리에 상영된 바 있다. 또한 권상우와 성동일이 콤비를 이룬 영화 탐정: 더 비기닝과 리턴즈 두 편의 영화도 성공을 거두었다.

영화·드라마 속에서의 탐정은 탐문수사와 추리력을 활용하여 수사기관이 해결하지 못하는 각종 사건을 해결해낸다. 그들은 탐정사무소에서 일하며 자신들을 탐정이라고 칭한다. 경찰과 가까이 하며 필요에 따라 경찰의 도움을 받기도 하지만 대부분의 사건은 그들만의 힘으로 해결한다. 경찰은 마지막에 그들이 해결해 놓은 사건을 마무리하기 위해 등장할 뿐이다.

영화·드라마 속에서의 탐정은 대한민국 현실세계에서도 가능한 이야기인가? 아니면 영화·드라마 속에서만 존재할 수 있는 이야기일 뿐인가? 현실세계에서 불가능하다면 현실은 어떠하며 왜 불가능한 것인가? 그렇다면 미래에는 영화·드라마 속의 탐정이 대한민국 현실세계에서 가능할 것인가?

※ 탐정은 남녀노소를 가리지 않고 대중이 관심을 갖는 직업이 되었다. 그것이 성인과 어린이를 타겟으로 하는 영화, TV드라마 등에서 자주 등장하는 이유이다.

탐정 명칭 사용

탐정(探偵)이란 '드러나지 않은 사정을 몰래 살펴 알아냄. 또는 그런 일을 하는 사람'을 가리킨다.[1] 한편, 사립탐정(私立探偵)은 '의뢰자의 요청에 따라 사건, 사고, 정보 등을 조사하는 민간조사원'을 말하며, 탐정(探偵)은 '일본에서 영어단어 private investigator를 한자로 번안'한 것이다.[2]

아직 우리나라에서는 탐정업을 허용하지 않고 있으며, 2000년대 초반부터 탐정을 대신하여 민간조사원이라는 명칭을 사용하고 있다.[3] 즉, 신용정보의 이용 및 보호에 관한 법률(약칭: 신용정보법) 제40조는 탐정 명칭 사용을 금지하고 있으며, 신용정보업자에게만 신용정보업무를 위한 탐정활동을 허용하고, 다른 사람에 대해서는 이를 금지하고 있다.[4]

이러한 탐정업 및 탐정 명칭의 사용 금지에 대해 많은 사람들이 의문을 제기하였고, 급기야 전직 경찰서장 출신에 의해 이 조항이 직업선택의 자유 등 헌법상 기본권을 침해하고 있으며, 과잉금지 원칙 등에도 어긋난다는 이유로 헌법소원이 제기되었다.5)

이에 대해 헌법재판소는 "특정인의 사생활 등을 조사하는 일을 업으로 하거나 '탐정'이라는 명칭의 사용을 금지한 신용정보의 이용 및 보호에 관한 법률은 헌법에 어긋나지 않는다"고 결정하였다.6)

헌법재판소는 탐정업을 금지한 조항에 대해 "현재 국내에서 타인의 의뢰를 받아 사건, 사고에 대한 사실관계를 조사하고 누구나 접근 가능한 정보를 수집해 그 조사결과 등을 제공하는 업체들이 자유업의 형태로 운영되고 있으나 정확한 실태 파악은 어려운 실정이다. 최근에는 일부 업체들이 몰래카메라 또는 차량위치추적기 등을 사용해 불법적으로 사생활 정보를 수집·제공하다가 수사기관에 단속돼 사회문제로 대두되기도 했는데, 이와 같은 현실을 고려할 때 특정인의 소재나 연락처 및 사생활 등의 조사업을 금지하는 것 외에 달리 해당 조항의 입법목적을 동일한 정도로 실현할 수 있는 방법을 찾기 어렵다"고 이유를 설명하였다.7)

또한, 탐정 명칭사용을 금지한 조항에 대해 "'탐정 등 명칭사용 금지조항'은 정보원, 탐정 및 그 유사 명칭을 수단으로 이용하여 개인정보 등을 취득함으로써 발생하는 사생활의 비밀침해를 예방하고 개별 법률에 따라 허용되는 개인정보 조사업무에 대한 신용질서를 확립하고자 마련된 것"이라며 "탐정 유사 명칭의 사용을 허용하게 되면 일반인들은 그 명칭 사용자가 사생활 등 조사업 금지 조항에 의해 금지된 행위를 적법하게 할 수 있는 권한을 보유한 사람 내지 국내법상 그러한 행위를 할 수 있는 자격요건을 갖춘 사람이라고 오인해 특정인의 사생활 등에 관한 개인정보의 조사를 의뢰하거나 개인정보를 제공함으로써 개인의 사생활의 비밀이 침해될 우려가 크다"고 이유를 설명하였다.8)

위와 같이 우리나라에서는 현재 법적으로 탐정이라는 명칭사용이 금지되어 있으므로 법위반을 피하기 위해 '탐정'이라는 용어를 대신하여 영미의 Private Investigator를 우리말로 번역한 '민간조사'라는 용어를 사용하고 있다.9) 따라서 '민간조사'는 탐정업무를 가리키는 말이며, 탐정활동을 하는 사람은 '민간조사원' 또는 '민간조사사'라고 부른다.10)

탐정 법제화 진척 상황

앞서 살펴본 바와 같이, 현재 우리나라에서는 탐정업이 허용되지 않으며, 탐정이라는 명칭을 사용할 수 없다. 그러나 이 문제를 입법적으로 풀어나가기 위한 노력은 계속되고 있다.

탐정 관련 법안은 1998년 제15대 국회에서 하순봉 의원에 의해 '공인탐정에 관한 법안'이 발의된 이후, 2015년까지 총 10차례 의원입법으로 발의되었지만 충분한 심의를 거치지 못한 채 폐기되었다.11)

탐정제도 도입을 위해 지속적으로 법안이 발의되고 있지만 충분한 심의도 이루어지지 못한 채 폐기된 것은 관리·감독 권한을 누가 가질 것인가와 관련하여 경찰과 검찰 간 힘겨루기가 그 원인이라는 분석이 있다. 이와 관련하여 하금석 대한민간조사협회 회장은 "세계적으로 탐정을 관리·감독하는 기관은 미국 2개 주를 제외하면 대부분 경찰이 맡고 있다"며 민생 관련 사건을 맡는 탐정은 경찰에서 관리·감독하는 것이 적절하다는 의견을 제시했다. 반면에 유우종 한국민간조사협회 회장은 "실질적으로 치안업무보다는 법원에 제출할 증거자료 등을 수집하는 업무가 많다"며 법무부가 관리·감독하는 것이 알맞다는 견해를 제시했다.12)

현재 20대 국회에서도 2건의 관련 법안이 발의되어 심의를 기다리고 있다.13) 2건의 법안 모두 개·폐업 및 휴업 신고와 지도·감독 권한을 경찰청장이 갖는 것으로 명시하고 있다.14) 두 법안이 국회를 통과하면 탐정 명칭 및 탐정업의 금지 관련 문제는 입법적으로 해결될 것으로 보인다.

탐정 관련 법안 입법 추진 내역

연 번	회 기	제안자	법률명	처리여부
1	제15대	하순봉(1998)	공인탐정에 관한 법안	폐기
2	제17대	이상배(2005)	민간조사업 법안	
3		최재천(2006)	민간조사업 법안	
4	제18대	이인기(2006)	경비업법 일부 개정안	
5		성윤환(2009)	민간조사업 법안	
6		이한성(2009)	민간조사업 법안	
7		강성천(2009)	민간조사업 법안	
8	제19대	윤재옥(2013)	경비업법 전부개정안	
9		송영근(2013)	민간조사법에 관한 법률	
10		윤재옥(2015)	민간조사업의 관리에 관한 법률	
11	제20대	윤재옥(2016)	공인탐정법안	진행
12		이완영(2017)	공인탐정 및 공인탐정업에 관한 법안	

자료: 강동욱(2018). 탐정제도의 법제화에 관한 소고. 한양법학, 29(2), 1-27.

탐정에 대한 국민여론

경찰청에서 2016년 4월 11일부터 20일까지 일반국민 1,000명을 대상으로 전화설문조사를 실시하여 탐정에 대한 국민여론을 조사하였다. 그 결과, 국민의 76.7%가 '탐정활동이 현행법상 금지되어 있는 사실을 알지 못한다'고 응답했으며 72.3%는 '합법적인 탐정활동을 위해 법제화가 필요하다'고 응답했다.[15]

탐정에 관해 각계각층에서 이해관계에 따라 각각의 목소리를 내고 있다. 경찰과 검찰 등 수사를 담당하는 부서에서는 찬성의 목소리를 내고 있으나,

변호사들은 반대의 입장을 분명히 하고 있다. 찬성측 입장과 반대측 입장을 정리해 보면 다음과 같다.

찬성측은 OECD 국가 중 우리나라를 제외한 34개국에서 이미 탐정업을 허용하고 있으므로 우리나라도 탐정업을 허용할 필요가 있다고 주장한다.[16] 또한 국민들이 가출·실종자 등을 찾거나 각종 피해 회복을 위한 자료 및 정보 수집 등이 필요한 경우, 이를 의뢰받아 대행할 업종이 필요하다고 역설한다. 이들은 탐정업무 수행과정에서 발생할 수 있는 사생활 침해 등 부작용에 대해서는 적절한 관리제도를 마련해 미연에 방지할 수 있다는 점을 강조한다.[17]

한편, 경찰관들이 탐정업에 많은 관심을 갖는 이유는 수사기관이 인력난을 이유로 해결하지 못하는 부분을 탐정이 충족시킬 수 있어 탐정업이 합법화될 가능성이 높으며, 경찰관 은퇴 후 탐정업을 통해 노후를 준비할 수 있는 장점 등이 있기 때문이다.[18]

반대측은 사생활을 침해하고, 불법과 전관비리를 조장하는 부작용이 생길 수 있다고 주장한다. 대한변호사협회는 2016년 11월 29일 "사회적 필요성이 전무하고 개인정보 침해 등 불법과 전관 비리를 조장해 국민들에게 부담만을 안기게 될 것"이라는 의견을 제시하면서 공인탐정법안 제정에 반대하였다. 또한 앞서 발의된 민간조사업법안에 대해서도 대한변호사협회는 지속적으로 반대 입장을 명확히 해왔다.[19] 이러한 입장에 있는 사람들은 탐정은 흥신소(심부름센터)와 다를 바 없으며, 탐정을 통해 수사기관의 인력부족 문제를 해결하려는 목적이라면 차라리 예산을 늘려 수사기관 및 유사 업종의 인력을 확충하는 것이 바람직하다는 입장을 보이고 있다.[20]

한편, 이들은 행정사는 법원·검찰 등과 관련된 서류는 작성할 수 없음에도 불구하고 암묵적으로 이런 행위들을 하고 있어 문제가 되고 있는데, 탐정을 합법화하면 탐정도 수임사건 해결을 위해 개인의 휴대전화를 도청하는 등의 불법적인 자료수집 등의 문제를 야기할 수 있고 사생활을 과도하게 침해할 가능성이 있다고 주장한다.[21] 또한 수사를 하는 경찰이 불법적인 일에 대해 눈을 감아주는 일이 있을 수 있고, 탐정이 사건을 조사할 능력을 갖췄는지에 대한 자격시비도 벌어질 가능성이 크다는 점을 강조하고 있다.[22]

탐정 산업의 추세 및 현주소

앞서 설명한대로 우리나라는 탐정업 및 탐정 명칭의 사용이 신용정보법에 의해 금지되어 있지만, 그렇다고 실제로 탐정과 관련된 사업이 없는 것은 아니다. 오히려 상당한 사업 영역이기도 하다. 경찰청의 '민간조사업의 관리에 관한 입법정책과 자격시험 교육의 구체화 방향' 용역보고서(2016년)에 따르면 흥신소에서 처리하고 있는 탐정업의 시장규모는 약 5,000억 원 규모에 이른다. 이 보고서에 따르면, 탐정시장에서 필요로 하는 조사인력도 약 8,600명에 달하며, 실제 전국에서 활동하고 있는 민간조사업자 수도 이와 비슷한 수준으로 보고 있다. 이들 중 대다수는 '기타 서비스업'으로 사업등록을 하고 활동을 하고 있다.[23]

한국에서 탐정활동은 크게 로펌들이 맡은 기업조사 영역과 불법 사생활을 캐는 영역으로 나뉜다.

기업조사는 주로 주요 로펌 조사팀에 의해 이루어진다. 로펌들이 자체 포렌식 팀을 만들어 기업 내 PC, 서버, CCTV 등 분석을 통해 기업 내부 비리를 조사한 후 이에 대한 대응책을 마련해주는 역할을 하고 있다. 이러한 탐정 활동은 외국계 기업이 국내 지사의 비리 조사 등을 위해 로펌측에 이와 같은 조사업무를 의뢰하면서 생겨나기 시작했다.[24]

일부 국내 대기업의 경우, 경찰이나 검찰의 수사 등에 대비해 로펌에 모의 조사 등을 요청하고 있다. 이때 로펌들은 자체 포렌식 조사를 통해 수사에 대비할 수 있는 대응 매뉴얼을 만들어 주기도 한다. 주요 로펌들은 내부 조사팀의 이러한 활동을 통해 고객사를 증가시키고 있는 것으로 알려져 있다. 그러나 이와 같은 대응 매뉴얼 준비 등의 업무는 국민 법감정과는 거리가 있어 적극적인 홍보는 이루어지지 않는 편이다.[25]

불법 사생활을 캐는 영역을 살펴보면, 우리나라에서는 흥신소가 대부분 이러한 업무를 담당하고 있다. 간통죄가 폐지된 후 이혼소송을 통한 재산분할권 다툼에서 유리한 위치를 차지하기 위해 불륜에 대한 조사의뢰가 많아졌다. 이로 인해, 사생활을 캐는 흥신소 업무 10건 중 8건은 불륜에 대한 조사라고 할 수 있다. 통상적으로 사설탐정하면 의뢰를 받아 대상자를 미행하거나 추적 하는 경우를 떠올리기 쉽다. 그러나 미행과 추적은 '민간조사원' 업무의 일부 에 불과하다. 그들이 의뢰받은 불륜 현장을 찾기 위해서는 다른 많은 일들이 선행되어야 한다. 일단 의뢰인으로부터 상황을 자세히 듣는다. 이후 의뢰대상 자의 차에 위치추적기를 달아두고 그 차량의 이동경로를 며칠 간 파악한다. 이중 불륜이 의심되는 장소를 방문한 후, 주위를 살펴 불륜 증거를 수집한다. 이는 물론 현행법상 모두 불법이다.26)

통상 의뢰비용은 착수금과 성공 수당으로 이루어진다. 위험도나 의뢰인 의 신분 등에 따라 달라지나, 착수금과 성공 수당을 합쳐 통상 300만~500만 원을 받는다고 한다. 착수금은 보통 하루에 50만 원 정도 수준이다. 불륜 현 장을 적발하게 되면 성공 수당이 더하여진다.27)

탐정을 위해 필요한 자격

우리나라는 아직까지 탐정 명칭이나 탐정업을 인정하지 않고 있으므로, 현재 우리나라에서는 탐정을 위해 필요한 별도의 자격은 존재하지 않는다고 할 수 있다.

그렇다면 탐정이 우리나라에서 합법화된다면, 어떤 자격이 필요할까? 탐 정활동으로 인한 사생활 침해 등 우려가 불식되어야 하므로 탐정이 공인된 직 업으로 자리잡기 위해서는 그와 관련된 자격심사가 필요하고 정부의 엄격한 관리가 요구될 것이다.

탐정업이 발달한 나라 중 미국, 호주, 영국 등은 '허가제'로 운영하고 있 으나, 일본은 신고제로 운영하고 있다.

미국은 알래스카 주, 미시시피 주 등 7개 주를 제외한 모든 주에서 탐정업을 위해 탐정면허 취득을 의무화하고 있다. 대다수의 주에서는 사법 관련 학사학위 취득이나 수년 이상의 수사경력이 있어야 탐정으로 인정한다.[28]

영국에서는 공공기관인 안보산업기관(SIA)이 탐정자격증을 발급·관리하고 있다. SIA가 인증한 교육기관에서 교육과정을 수료하면 탐정자격 시험에 응시할 수 있다. 영국은 특별한 자격 없이 신고만 하면 되는 '신고제'로 운영하다가 2001년과 2003년 각각 탐정자격을 요구하는 허가제로 변경했다.[29]

우리나라에서는 아직 공인자격증은 없으며, 법적 구속력이 없는 민간자격증이 발부되고 있다. 대한민간조사협회, 한국민간조사협회 등이 '민간조사(PIA)자격증'을 발부하고 있다.[30] 동국대는 대학원 석사과정으로 탐정법무전공을 개설하였으며, '민간조사학개론', '범죄학 및 범죄심리학', '법학개론', '민간조사관계법', '민간조사실무' 등 5개 과목에서 모두 60점 이상 받으면 민간조사자격을 부여하고 있다.[31]

20대 국회에 제출된 탐정 관련 법안인 윤재옥 의원안과 이완영 의원안에 따르면, 탐정으로 활동하기 위해서는 공인탐정자격증을 취득해야 한다. 두 법률안 모두 공인탐정을 탐정자격을 취득한 자로 정의하고 있으며, 공인탐정이 아닌 자는 '공인탐정, 탐정 또는 이와 유사한 명칭'을 사용하지 못하도록 하고 있다. 또한 공인탐정업 등록을 위해서는 공인탐정자격증이 있어야 하며, 공인탐정업으로 등록하지 않은 경우에는 공인탐정사무소 또는 이와 유사한 명칭을 사용하지 못하도록 하고 있다.[32]

공인탐정자격 시험과목과 관련하여, 윤재옥 의원안과 이완영 의원안에서는 이를 직접 규정하지 않고 대통령령에 위임하고 있다. 따라서 시험과목은 주무부처인 경찰청에서 결정할 가능성이 높다. 경찰청은 탐정의 합법화에 대비하기 위해 이미 관련 연구(민간조사원의 관리에 관한 입법정책과 자격시험·교육의 구체화 방안)를 진행하였으며, 그 연구는 민간조사원 자격증 관련 시험과목(다음 표 참조)을 포함하고 있다.

민간조사원 자격증 시험 과목

시험과목	내 용
민간조사기초법	헌법, 민법, 형법에 관한 기본 지식
개인정보보호론	개인정보보호와 이해에 관한 일반이론과 관련 법률
민간조사실무론	민간조사활동 실무지식과 관련 법률
증거조사론	민사소송법과 형사소송법에서의 증거이론과 관련 법령, 판례 등

출처: "민간조사원의 관리에 관한 입법정책과 자격시험·교육의 구체화 방안". <경찰청 정책
용역 보고서> 2015.12.

탐정의 일자리 창출 효과

탐정은 일자리 창출 효과가 큰 것으로 전망되고 있다. 관련 업계는 일본
의 공인탐정 수가 6만 명 정도인 것을 고려할 때, 탐정업이 합법화되면 1만
5,000여 개의 새로운 일자리가 생길 것으로 기대하고 있다. 탐정 관련 시장규
모도 2조 원에 이를 것이라고 전망되고 있다.[33]

우리나라에서 탐정에 대한 수요는 다양한 곳에서 찾아볼 수 있다. 민사
소송의 경우 합법적인 증거조사가 절실하나 이를 공권력에 의해 충족시킬 수
있는 경우는 그렇게 많지 않다. 따라서 공권력이 미치지 못하는 분야에서 법
적 서비스 수요를 충족하기 위한 방안이 필요하며, 탐정이 이 역할을 할 수
있을 것으로 기대된다. 예를 들어 친부모를 찾거나 뺑소니 사고조사 같은 일
에 탐정이 도움을 줄 수 있을 것이다.[34]

나주봉 전국미아·실종자가족찾기시민의모임 회장은 "실종사건이라고 해
도 범죄 연관성이 있어야 경찰이 나설 수 있다. 그렇지 못한 경우 민간조사원
(탐정)이 나서준다면 상당한 도움이 될 것"이라고 말하여 탐정 합법화가 실종
사건의 해결에 도움을 줄 수 있다는 입장을 보였다. 그는 실종사건 해결을 위

한 탐정비용과 관련하여 "피해자 가족이 돈을 지불하고 의뢰할 수도 있지만 국선변호사 제도처럼 국가가 비용을 지불하는 방법도 고려해 볼 필요가 있다"고 제안했다.[35]

탐정의 미래(시사점)

향후 탐정의 명칭사용 및 탐정업의 합법화 문제는 어떻게 될까? 탐정산업은 한국사회에서 자리를 잡을 수 있으며, 발전할 수 있을 것인가? 탐정이 공적 수사의 한계를 뛰어넘을 수 있을 것인가?

비록 당장은 아니더라도 탐정 명칭의 사용은 허용될 것이고, 탐정업은 합법화될 것이라고 조심스럽게 전망해 본다. 탐정의 합법화를 위해 공인탐정 자격이 생겨날 것이다. 공인탐정 자격을 가진 사람에 한해 탐정업을 할 수 있게 될 것이다. 탐정활동의 영역도 더욱 확대될 것이다. 개인적인 의뢰사건 처리 위주의 탐정활동에서 벗어나 기업조사 영역 등이 크게 활성화될 것이다.

그렇다면 이러한 전망은 어떻게 가능한 것인가? 그 근거를 살펴보면 다음과 같다.

먼저, 정부의 큰 관심을 들 수 있다. 문재인 대통령은 "민생치안 역량을 대폭 강화해 범죄로부터 가장 안전한 나라를 만들겠다"면서, 이와 관련하여 "국가가 공인하는 탐정 도입을 추진하겠다"고 공약하였다.[36] 이러한 대통령 공약을 실현하기 위해 정부는 사립탐정(민간조사원)을 합법해 신(新)직업으로 육성하는 방안을 검토하고 있다. 정부는 2018년 12월 26일 홍남기 부총리 겸 기획재정부 장관 주재로 경제관계장관회의를 열고 2018년 미래 신직업의 하나로 공인탐정을 선정했다.[37]

다음으로, 최근 주목받는 직업탐정에 대한 사회분위기가 고려되었다. '민간조사(PIA)자격증'이 생겨났으며, 많은 사람이 이를 취득하는 데 관심을 보이고 있다. 동국대는 2017년 법무대학원에 '탐정 법무전공'을 신설했으며, 단국

대도 2018년에 경영대학원에 '글로벌탐정 최고경영자 과정'을 개설했다.[38] 최근 영화·드라마에도 추리 탐정물이 크게 증가하였다. <조선명탐정> 시리즈에 이어 <탐정: 리턴즈>가 제작되어 전편 <탐정: 더 비기닝>보다 더 큰 흥행을 얻었다. 지난해 하반기에 <한국방송>(KBS) 드라마 <오늘의 탐정>도 역시 탐정이 주인공이었다.[39]

한편, 탐정합법화에 대한 국민들의 지지도 중요한 근거가 된다. 경찰청에서 실시한 탐정에 대한 설문조사에서 많은 국민(72.3%)이 '합법적인 탐정활동을 위해 법제화가 필요하다'고 응답했다.[40] 물론 사생활 침해 등 문제로 인한 반대의 목소리도 있으나, 이들 부작용에 대해서는 적절한 관리제도를 통해 통제할 수 있으므로 공권력이 미치지 못하는 분야에서 법적 서비스 수요를 충족하기 위해 합법화해야 한다는 목소리가 더 큰 것으로 보인다.

마지막으로, 지속적인 입법화 노력에 주목하였다. 우리나라에서는 OECD 국가 중 유일하게 탐정업이 불법이라는 점을 부각하면서 꾸준히 탐정 관련 법안이 발의되고 있다. 비록 10차례의 의원입법이 계속 폐기되었지만, 매 국회마다 탐정 관련 법안이 발의되고 있으며 현재 20대 국회에도 윤재옥 의원안과 이완영 의원안 등 2건의 관련 법안이 발의되어 심의를 기다리고 있다.[41] 이러한 노력은 탐정업의 합법화가 그만큼 필요하다는 것을 반영하는 것이라고 볼 수 있다.

드론, 축복인가, 재앙인가?

드론, 축복인가, 재앙인가?

    2019년 9월 14일 사우디아라비아 아브카이크와 쿠라이스에 위치한 아람코의 원유생산시설이 10대의 드론공격을 받아 파괴되었다. 연간 80조 원의 국방비를 지출하고 포대당 1조 2,000억 원인 패트리어트 시스템을 6기나 설치하고도 대당 1,000만 원의 드론에 속수무책으로 공격을 당하고 말았다. 테러리스트들이 추구하는 비대칭 전력 극대화의 대표적인 사례라고 할 수 있다.

    현재 드론은 4차 산업혁명의 꽃으로서 급속한 성장세를 보여왔으며, 다양한 분야에서 활용이 되고 있다. 공군기나 미사일 연습사격 표적용으로 개발되었던 드론이 이제는 항공촬영, 택배 등의 민간분야뿐만 아니라 실종자 수색, 순찰 등 공공분야에서도 광범위하게 사용이 되고 있다. 기술의 발달도 폭넓게 이루어지면서 드론 택시의 시대까지 도래할 것으로 예상이 되고 있다.

    우리나라도 세계적인 추세에 부응하기 위하여 2017년 12월에 관계부처 합동으로 2017년부터 2026년까지 10년간 드론산업 발전을 위한 기본계획을 수립하여 시행하고 있으며, 최근에는 '드론활용 촉진 및 기반조성에 관한 법률'이 제정되었다. 드론이 산업의 플랫폼을 바꾸고 우리의 생활에도 많은 변화를 가져올 것으로 예상되고 있는 시점에서, 사우디 아라비아에서의 드론공격은 우리에게 많은 충격을 주고 있다.

우리는 드론에 대해서 얼마만큼 알고 있으며, 드론을 어떻게 활용할 수 있는지에 대해서 제대로 알고 있지 못하다. 실제 드론에 대한 이야기는 많은 사람들이 들어보았지만 드론을 구입하여 오락, 취미, 또는 사업 용도로 사용하는 사람은 드문 것이 현실이다. 그리고 사우디 아라비아의 사례를 들지 않더라도 우리의 일상생활에서 드론은 위협이 되고 있는 상황이다. 여름철에 드론을 활용하여 고층 아파트를 무단으로 촬영하거나 드론이 추락하여 사람을 다치게 하는 경우도 발생하고 있다. 앞으로 테러에도 드론이 많이 사용될 것으로 예상이 되고 있다.

매일 뉴스에서는 4차 산업혁명의 핵심 중의 하나로 드론을 보도하고 있으며[1], 하나의 트렌드처럼 여겨지고 있음에도, 과연 우리는 드론을 제대로 알고 있을까? 드론이 무엇인지 정확하게 이야기 할 수 있을까? 드론이 촬영 등에 이용되고 있는 것을 알고 있지만, 구체적으로 어디에 이용되고 있으며, 관련 법규나 제도는 무엇일까? 테러나 범죄에 악용되고 있는 드론을 어떻게 막을 수 있을까? 이러한 질문에 대해 이제 한번 알아보기로 한다.

드론이란?

미국과학자 니콜라 테슬라(Nikola Tesla)는 제1차 세계대전 기간중에 대공포에 의한 조종사의 피해를 최소화 할 수 있는 무인기에 대해 연구를 진행하였으나, 성공률이 낮아서 실전에서는 활용이 되지 못하였다. 제2차 세계대전에서 무인항공기의 중요성이 재조명되면서, 영국에서 최초의 왕복 재사용 무인항공기인 'Queen Bee'가 개발되어 대공포 훈련 목적으로 사용되었다. 퀸비는 최대시속이 100마일이 넘었으며, 1947년까지 총 380대가 제작되어 사용되었다.[2]

영국에서의 성공적인 무인항공기의 활용에 자극을 받아 미국 해군 제독 윌리엄 스탠리(William Standley)는 영국의 무인항공기인 여왕벌(Queen Bee)에 대비되는 수벌의 의미를 지닌 '드론'(Drone)이라는 명칭을 붙여 활용하였으며, 이것이 드론의 어원이 된 것이다.3)

드론이 무인항공기를 의미하지만 반드시 그런 것만은 아니다. 미국 육군의 드론에 대한 공식적인 정의에 의하면 드론이란 '육지, 바다, 하늘에서 원격이나 자동으로 조정되는 운송수단'을 의미한다.4) 따라서 원칙적으로 드론은 하늘뿐만 아니라 육지나 바다에서도 운영이 가능한 것이다.5)

하늘에서 조정되는 수단은 다른 수단과 구분하기 위하여 무인항공기 (Unmanned Aerial Vehicle: UAV), 무인항공시스템(Unmanned Aircraft System), 원격조종항공기시스템'(Remotely Piloted Aircraft System)이라고 하기도 한다.6)

'UAV'라는 용어는 오스트레일리아의 '민간항공안전청'(Civil Aviation Safety Authority: 'CASA')이 '민간항공규칙'(Civil Aviation Safety Regulation: 'CASR')을 제정하면서 최초로 사용되었으며, 이후 '국제민간항공기구'(International Civil Aviation Organization: 'ICAO'), 미국의 '연방항공국'(Federal Aviation Administration: 'FAA'), 그리고 '유럽항공안전기구'(Europe Aviation Safety Agency: 'EASA') 등의 기관이 UAV라는 용어를 사용하고 있다.7) 앞에서 설명한 것처럼 요즘엔 UAV에만 머물지 않고 무인지상차량(Unmanned Ground Vehicle: UGV), 무인함정(Unmanned Surface Vehicle: USV), 무인잠수함(Unmanned Underground Vehicle: UUV)까지 모두 드론에 포함시키고 있다.8)

한편 우리나라의 경우는 '항공안전법'과 '드론 활용의 촉진 및 기반 조성에 관한 법률'에서 드론을 정의하고 있는데, 드론은 사람, 즉 조종자가 탑승하지 않은 상태로 항행할 수 있는 일정 중량 및 길이 이하의 비행체로 정의가 될 수 있다.

드론은 일반적으로 형태에 따라서 고정익, 회전익, 혼합형으로 구분이 되고 있다.9)

고정익 드론은 일반적인 비행기처럼 날개가 고정되어 있고, 엔진 등의 힘으로 추진력을 얻고, 날개에서는 양력을 얻어 날 수 있는 형태의 드론이다. 주요 장점으로는 고속 및 장거리 비행과 높은 고도의 비행이 가능하며, 넓은 지역을 커버할 수 있다. 그러나 활주로 등 넓은 공간이 필요하며, 일정한 고도를 유지한 채 움직이지 않는 상태인 호버링은 어려운 단점이 있다. 상업용보다는 주로 군수용에 많이 사용되고 있다.

회전익 드론은 로터가 회전하면서 나오는 힘인 양력으로 비행하는데, 로터의 개수에 따라서 쿼드콥터(4개), 헥사콥터(6개), 옥토콥터(8개) 등으로 구분된다. 일반적으로 쿼드콥터가 많이 사용되나 목적에 따라서 다른 유형의 콥터가 사용되는 경우도 많다. 로터의 수가 많을수록 양력이 커져서 보다 무거운 장비 등을 탑재할 수 있다. 회전익 드론은 수직 이착륙 및 제자리 비행이 가능하여, 좁은 공간이나 실내에서도 비행이 가능하다. 다만, 고정익 드론에 비하여 속도가 낮고 비행거리 등이 짧은 단점이 있다. 주로 소형 드론에 많이 적용되며, 영상활영이나 물건배송 등에 많이 사용된다. .

고정익과 회전익의 특성을 동시 보유한 혼합형(틸트형)이 있는데, 고정익 드론처럼 고속 비행이 가능하며, 회전익 드론과 같이 수직 이착륙이 가능하다. 또한 날개의 양력을 사용한 비행을 하기 때문에 회전익에 비하여 보다 오

〈그림 1〉 고정익 드론

출처: 진정희, 이귀봉(2016).

〈그림 2〉 회전익 드론

출처: 진정희, 이귀봉(2016).

〈그림 3〉 혼합형(틸트형) 드론

출처: 진정희, 이귀봉(2016).

랜시간 비행이 가능하다. 그러나 가격이 비싸며, 회전익이나 고정익에 비하여 조정하기가 어렵고 고장이 나기 쉬운 단점이 있다.

드론의 활용

드론은 기존의 2차원적인 공간 활용에서 3차원적으로 공간을 활용할 수 있게 하는 점에서 각 분야에서 활발하게 이용될 것으로 예상이 되고 있다. Teal Group의 전망에 따르면 드론 제조시장은 전 세계적으로 2025년 69억 달러, 활용시장은 552억 달러까지 성장할 것으로 전망하고 있는 등 앞으로의 성장 가능성은 매우 높은 것으로 추정되고 있다.

드론은 군사용으로 시작해서 점차 민수용으로 확대가 되고 있으며, 2015년 분야별 점유율은 군사 72%, 민간 23%, 공공 5%이며, 미국·이스라엘 등 선진국에서는 드론산업 육성을 위해 제도정비, 인프라 투자 등을 경쟁적으로

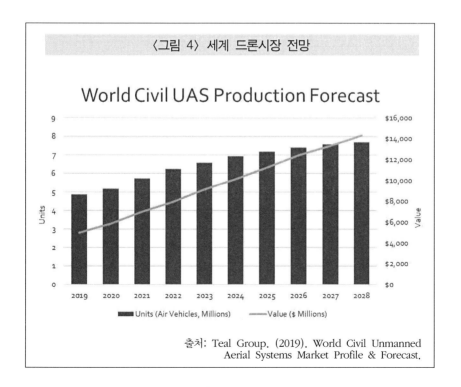

〈그림 4〉 세계 드론시장 전망

출처: Teal Group. (2019). World Civil Unmanned Aerial Systems Market Profile & Forecast.

추진중이며, 우리 정부도 드론산업 육성을 위해 범부처적으로 산업기반 조성을 지원 중에 있다.

2017년 12월 정부 관계부처 합동으로 2017년부터 2026년까지 10년 간 드론산업 발전을 위한 '드론산업 발전 기본계획'을 수립하였다. 드론산업은 항공·SW·통신 등 연관분야에 큰 파급효과를 내고 있으며, 군용, 취미·촬영용, 감시 등 다양한 분야에서 활용이 가능하다. 또한, 제조업 외에도 운용·서비스 시장을 창출할 수 있으며, 완구류에서 대형 항공기까지 다양한 모델이 있고, 개인용 자율비행 항공기 등 미래 항공산업의 기반이라는 특성을 가지고 있다.

정부는 민간분야에서의 드론을 활성화하기 위하여 공공수요를 창출하고

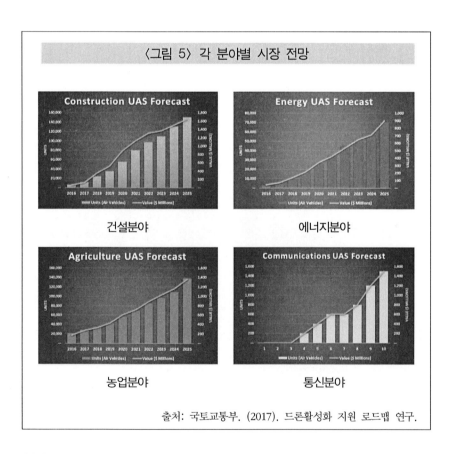

〈그림 5〉 각 분야별 시장 전망

건설분야

에너지분야

농업분야

통신분야

출처: 국토교통부. (2017). 드론활성화 지원 로드맵 연구.

있다. 구체적으로 보면, 국토교통부는 드론을 건설, 시설물의 안전점검과 국토 조사, 하천 조사 등에 활용하고 있으며, 산업부는 전력, 에너지 분야에서 활용 하고 있으며, 농림부는 스마트 농업에 활용을 하고 있다. 해양수산부는 해양 시설 관리에 이용을 하고 있으며, 경찰청은 실종자 수색에 드론을 활용하고 있다.

드론시장이 혁신기술 수용주기상 선각 수용자(상위 15% 가량)들이 사용 하는 초기시장 상황으로 향후 드론산업은 지속적으로 확대될 것으로 예상이 되고 있다. 활용분야를 보면, 건설·에너지·농업·임업·촬영·치안·방재·통 신·보험·배송·취미용 시장 모두 분야에 따른 성장동력 등은 차이가 있으나 지속적으로 성장할 것으로 예상이 되고 있다.

드론은 우리가 볼 수 없는 곳이나 공간에서의 시각을 제공하는 점에 큰 의의가 있다. 우리나라에서도 각종 예능 프로그램 및 자연경관 촬영 등 영상 제작에 많이 활용되고 있다. 세계적인 다큐멘터리 제작사 내셔널지오그래픽에 서는 탄자니아 등 아프리카에서 동물들의 생태를 관찰하는 데 드론을 활용하 고 있다. 또한 CNN을 비롯하여 각종 언론사들은 시위현장, 재난현장 등의 취

〈그림 6〉 평창올림픽 드론 쇼

출처: 한겨레 신문.

재에 드론을 활용하고 있다. 이러한 영상을 주로 촬영하는 드론은 헬리캠으로 불리우고 있다. 3D카메라를 활용하여 지형의 변화를 확인하고 건물의 붕괴 여부까지도 확인을 할 수 있다. 측량과 안전점검 등을 수행할 수 있는 것이다. 페루의 과학자들은 드론과 3D카메라를 이용하여 사람이 접근하기 어려운 안데스 산맥에서 고대 페루의 유적을 발견하기도 하였다.

드론에 LED를 장착하여 마치 별처럼 보이게 할 수 있으며, 이를 통하여 드론 쇼를 할 수도 있다. 평창올림픽에서 인텔은 무인 소형항공기 '슈팅 스타' 1,218대를 동원해 약 30초간 올림픽 스타디움 밤하늘에 올림픽 오륜기, 스노보더 등의 모습을 구현하였다. 디즈니랜드도 불꽃놀이와 함께 디즈니 성에서 드론 라이트 쇼를 진행하고 있으며, 각종 공연에서도 드론을 활용하여 공연효과를 극대화하고 있다.

기업들은 드론이 사람들의 눈길을 끌 수 있으며, 공간활용을 극대화 할 수 있으며, 첨단장비를 구현할 수 있다는 점에 착안하여 광고에 적극적으로

〈그림 7〉 드론광고

출처: 소비자평가 신문.

활용하고 있다. 드론(drone)과 광고(advertise)를 합성하여 드론버타이징 (drone-
vertising)이라는 용어도 탄생하였다. 코카콜라의 경우 싱가폴의 비영리단체와
의 협업을 통하여 고층 건물에서 건설일을 하는 근로자들에게 '하늘로부터의
행복(Happiness from sky)'이라는 캠페인을 하면서 감사의 메시지와 코카콜라
를 드론을 활용하여 근로자들에게 직접 배달을 하였다. 우리나라의 경우에도
커피전문점에서 신제품 출시를 홍보하기 위하여 강남대로, 신촌 등지에서 드
론을 활용한 마케팅을 선보이기도 하였다.

드론의 또 다른 분야는 바로 배달이라고 할 수 있다. 아마존을 비롯하여
많은 회사들이 물류비용을 절감하고, 배달하기 어려운 곳에 배송을 하기 위하
여 드론을 활용하고 있다. 아마존의 경우 2.3kg의 물품을 25km까지 배송할
수 있으며, 일본의 라쿠텐도 드론 택배 상용화를 추진하고 있다. 우리나라의
경우에 있어서도 CJ 대한통운이나 현대로지스틱스 등이 드론 택배를 추진하고
있다.

〈그림 8〉 드론택배

출처: 중앙일보.

드론은 택배 등의 상업적인 활용이 아니라 바다 등에서의 인명구조를 위
한 튜브를 전달하거나 오지나 산간지역 등에 약품 등을 배송할 수 있다. 또한
도시에서도 필요한 약품이나 기기 등을 신속하게 전달할 수 있다.

〈그림 9〉 인명구조 드론

출처: 중앙일보, 동아일보.

드론은 스포츠분야에서도 활용이 되고 있다. 축구, 미식축구 등에서 상대 전력을 분석하는 전력분석관부터, 선수 건강을 관리하는 팀닥터, 훈련담당 트레이너까지 활용되고 있는 것이다. 축구나 미식축구의 경우 선수들의 발놀림, 속도, 위치 등을 드론을 활용하여 체크한다.

드론을 이용한 스포츠 경기도 활성화되고 있다. 대표적인 드론경기로는 드론레이싱과 드론축구 등이 있다. 드론레이싱의 경우 HD카메라를 드론 전면에 설치해 1인칭 시점의 영상을 보면서 원격으로 조종하는데, 이때에 비춰지는 역동적인 화면이 그대로 경기중계에 사용되기 때문에 시청자 역시 직접 드론을 조종하는 듯한 경험을 공유할 수 있다. 드론축구는 우리나라에서 개발된 경기로 공(ball) 모양의 프롭가드를 가진 드론을 도넛 모양의 상대편 골문에 넣어 득점을 하는 스포츠 경기이다.

치안분야에서도 드론이 활용되고 있는데, 양귀비·대마 불법 재배사범 검거나 고속도로 끼어들기·버스전용차로 운행 단속 등에서 활용되고 있으며, 2016년 2월 평택 계모 학대로 사망한 신원영 군의 시체를 찾기 위해 드론을 활용한 수색 등과 같이 실종자 수색에서도 활용이 되고 있다.

실종자 수색에 드론을 활용할 경우 비용은 1/10 수준, 인력은 1/7 수준 이며, 비용 및 인력 절감과 더불어 수색인력의 손실을 방지할 수 있는 장점이

출처: 엔조이드론.

있으며, 광범위한 지역을 빠른 시간 내에 수색할 수 있으며, 야간이나 악천후의 경우에도 수색이 가능하다.10)

　실종자 수색뿐만 아니라 순찰에서 드론을 활용할 필요성도 크다고 할 수 있다. 의경인력의 감축 등으로 인하여 치안인력의 효율적인 운용이 높게 되는 상황에서 인력대체 효과가 큰 드론을 활용한 순찰은 매우 필요하다고 할 수 있다.11)

드론의 역습과 안티드론(Anti-drones)

드론기술이 급속하게 발달하고, 대중적으로 사용되면서 드론을 범죄나 테러 등에 악용하는 소위 '비열한 드론(dirty drone)'이 사회문제화가 되고 있다. 드론이 물건을 배달하고, 하늘을 수놓는 아름다운 장면을 연출하는 등 삶의 질을 높이는데 기여하고 있으나, 우리의 기대와는 다른 방향으로 전개되고 있는 상황을 심각하게 인식할 시점이 되었으며, '드론의 역습'에 대해서 고려할 필요가 있는 것이다.12)

실제 드론은 지상 시설물에 대한 위협은 물론, 항공안전 위협, 대규모 행사나 집회 및 특정 인사를 겨냥한 범죄, 테러에 이르기까지 그 악용 범위가 확대되고 있다. 구체적인 사례를 보면 2014년 11월에는 프랑스 원전 주변에서 정체불명의 드론이 출몰하여 프랑스 정부에 비상이 걸렸으며, 2019년 8월 12일과 13일에는 부산 기장군 고리원자력발전소 일대에 드론으로 추정되는 초경량 비행체가 잇따라 발견되기도 하였다.

2015년 1월에는 미 백악관에 직경 약 60cm의 드론이 건물에 충돌하였으며, 같은 해 5월에는 백악관 상공에 드론을 띄우려던 사람이 체포되기도 하였다. 또한 일본 도쿄 지요다구에 위치한 총리 관저 옥상에서는 의문의 드론 1기가 발견됐고, 이 드론에는 방사능 마크가 부착된 플라스틱 용기가 탑재돼 미량의 방사성 세슘이 검출됐다. 40대 남성은 원전 반대 주장을 호소하기 위해 총리 관저로 후쿠시마 지역의 모래를 드론에 담아 보낸 것이라고 하였다.

2018년 12월 19일 저녁부터 21일까지 영국 개트윅 공항(Gatwick Airport)에 드론일 출몰하여 36시간 동안 공항이 마비되고, 1천 여 편의 항공편이 취소되어 승객 14만 명이 불편을 겪었다. 36시간 동안 많은 사람이 드론을 목격하였음에도 결과적으로 드론조종자는 찾지 못하였다. 2019년 2월 8일 런던 히스로 공항(Heathrow Airport)에도 드론이 출현하여 항공기 이륙이 1시간 이상 중단되기도 하였다.

2018년 8월에는 베네수엘라 대통령 참석 군사 퍼레이드에 폭발물을 탑재한 드론 2대가 폭발하기도 하였으며, 2016년 4월에는 이라크 자치정부 민병대 부근에서 폭탄을 적재한 드론에 의하여 교육중이던 프랑스 특수대원 및 민병대원 등 4명이 사망하였다.

이와같이 드론은 이제 단순한 취미나 상업용의 무인비행장치가 아니라 테러나 범죄 등 불법행위에 활용될 수 있는 일종의 비용이 저렴한 무기와도 같은 존재로 변질되며 사회안전을 위협하고 있다. 이에 따라 '비열한 드론(dirty drone)'에 의한 공격과 위협을 무력화시키는 '안티드론'에 대한 관심이 급증하고 있으며, 드론의 활용뿐만 아니라 드론에 적극적으로 대비할 필요가 있는 것이다.

안티드론은 드론 위협에 대응하는 일종의 공중 방어 플랫폼의 개념으로 등장하였는데, 안티드론 활동에 대해서는 아직 구체적인 개념의 정의가 없으며, 각 분야에서 혼재되어 사용되고 있다.13)

미육군성에서 발간하는 육군 기술자료에 따르면, 안티드론을 Counter－UAS로 정의하면서 드론공격 상황에 대처하기 위한 對무인항공기 대응시스템이며, 대응은 탐지(Detect), 식별(Identify), 대응(Respond), 보고(Report)로 이루어지고 있다고 한다.

안티드론을 탐지(detection)와 교전(engagement)으로 이루어지는 절차적 과정으로 정의하기도 하는데, 탐지(detection)는 무인항공기를 탐지, 발견, 추적, 확인하는 절차와 기술을 포괄하고, 교전(engagement)은 무인항공기를 파괴, 무력화, 유린, 교란 혹은 방해하기 위한 기술과 활동을 포함한다는 것이다. 또한 안티드론을 '테러나 범죄, 사생활 영역 침입이나 감시, 조작 미숙에 의한 사고의 문제 등을 야기하는 나쁜 드론을 무력화하는 드론'으로 정의하며, 비승인 드론의 침입을 무력화시키는 기술이 핵심이라고 하기도 한다.

잇따르고 있는 드론범죄와 테러에 대비하기 위한 글로벌 안티드론 산업은 현재 5억 달러(약 5,600억 원)에서 2025년에는 23억 달러(약 2조 5,800억 원)로 팽창할 것이라는 전망이 있다.

영국 국방부는 드론으로 인한 개트윅 공항(Gatwick Airport)의 사태가 재발되는 것을 방지하기 위하여 이스라엘 보안기업 라파엘(Rafael Advanced Defense Systems)이 개발한 드론 방어시스템인 '드론 돔'(Drone Dome)을 공항 옥상에 배치했다. 드론 돔은 4개의 레이더를 사용해 시설 주변 지역의 드론비행을 감시하여 탐지를 하며, 열화상 카메라, 드론과 조종사의 위치를 찾는 추적기, 방해 전파를 쏘아 드론을 격추할 수 있는 기능까지도 갖추고 있다.

안티드론은 일반적으로 전자광학, 적외선 센서, 레이다 등을 통하여 탐지 및 식별을 하고, 탐지된 드론을 대상으로 무력화를 하거나 물리적으로 포획을 하는 것을 포함한다.

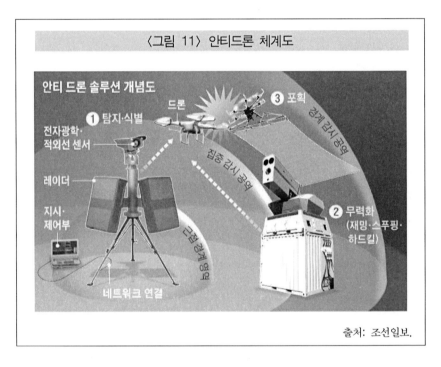

〈그림 11〉 안티드론 체계도

출처: 조선일보.

비행체의 접근을 탐지하기 위하여 음향탐지, 방향탐지, 영상, 레이더 등을 활용한다. 음향탐지의 경우 드론이 동작할 때 프로펠러 회전으로 인한 소음을 탐지하는 기술로 가격이 저렴하나 탐지거리가 짧고 소음이 많은 환경에서는 사용하기 어려운 단점이 있다. 방향탐지의 경우 무인비행장치에서 발생하는 RF(Radio Frequency) 신호의 방향과 위치를 탐지하여 조종자 및 비행체의 위치를 파악하는 것이다. WiFi가 많이 사용되는 도심에서는 사용하기 어려우나 비행체뿐만 아니라 조종자의 위치까지도 파악할 수 있는 장점이 있다. 광학 영상과 열화상 영상을 활용하여 드론을 탐지하기도 한다. 영상으로 비행체를 탐지하기 때문에 비교적 정확하게 무인비행체인지를 식별할 수 있으나, 열화상 장비의 경우 가격이 비싼 단점이 있다. 레이더 센서의 경우 특정 대역의 RF 신호를 송출하고 목표물로부터 반사되어 오는 신호를 수신하여 탐지한다. 날씨, 온도, 낮과 밤 등에 영향을 받지 않고, 탐지거리가 길다는 장점이 있으나, 구입비용이 비싸고 주파수 사용 등으로 인하여 정부의 승인을 받아야 한다.

비행체가 탐지가 되면 이를 격추하거나 포획할 필요가 있다. 비행체가 조종신호를 받는 주파수 대역에 방해전파를 발사하여 무인비행체의 조종을 무력화시키는 것이다. 비교적 비용이 저렴하나 자율비행중인 비행체는 영향이 없으며, 높은 출력의 교란신호를 이용할 경우에는 민간분야에 피해를 줄 수도 있다. 무인비행체에 대해 산탄총을 발사하거나 레이저 빔을 이용하여 직접적으로 파괴하는 방법이 있다. 전파교란 방식에 비해 확실하게 저지할 수 있으나 추락시 2차 피해가 야기될 수 있다.

비행체의 추락 및 파편으로 인한 2차 피해를 예방하기 위하여 독수리를 활용하거나 드론에 그물망을 설치하거나 지상에서 그물총을 활용하여 비행체를 포획하기도 한다. 독수리의 경우 소형드론에 적합하나 동물 학대 및 포획 가능성이 낮은 단점이 있으며, 드론에 그물망을 설치하여 포획하는 방식은 고속으로 이동하는 비행체를 포획하지 못하는 단점이 있다. 그물총의 경우 무인비행체가 매우 근접한 거리에서 사용할 수밖에 없다.

안티드론은 아직까지 초보적 수준에 머물러 있는 반면에 드론을 악용하는 사례는 매우 교묘해지면서 증가하고 있는 추세이다. 비열한 드론에 대응하는 것은 정부의 책임만으로 할 수는 없다. 미국의 경우 911 테러 이후에 정부의 노력만으로는 테러방지에 한계가 있음을 절감하고 '수상한 것을 보면 바로 신고하자'(see something, say something)라는 캠페인을 전개하면서 시민들의 적극적인 협조를 요청하였다. 안티드론에 있어서도 최신 장비의 개발, 확보와 더불어 시민들이 수상한 드론을 발견할 경우에는 적극적으로 신고하는 등 시민들과의 적극적인 협력이 필요하다.

경찰 21세기 원유를 시추하다

경찰 21세기 원유를 시추하다

빅데이터, 예측치안을 가능하게 하다

2002년 개봉한 스티븐 스필버그 감독의 마이너리티 리포트는 2054년 워싱턴을 배경으로 한다. 영화에서는 범죄가 일어나기 전 범죄를 예측해 범죄자를 단죄하는 최첨단 치안 시스템인 프리크라임(pre-crime)이 시민들을 보호한다. 프리크라임 시스템은 범죄가 일어날 시간과 장소뿐만 아니라 범행을 저지를 사람까지 미리 예측해내고, 이를 바탕으로 경찰이 미래의 범죄자들을 체포한다.

스필버그 감독의 상상 속에서나 가능할 것 같던 프리크라임 체제는 더이상 공상과학 영화 속에서만 가능한 것이 아니다. 미국 LA 경찰은 '프레드폴'(PredPol)을 통해 과거 범죄기록 분석을 토대로 범죄가 일어날 가능성이 큰시간대와 장소를 예측해 범죄예방활동을 하고 있다.

프레드폴(Pred Pol)은 예측 치안을 뜻하는 'Predictive Policing'의 약칭으로 주로 강도, 절도 등 재산 범죄유형에 대한 발생예측을 범죄예방활동에

162 • 경찰 21세기 원유를 시추하다

적용한다. 영화 '마이너리티 리포트'에서는 범죄를 저지르기 전에 누가 저지를 것인지를 예측하는데, 프레드폴은 누가 범죄를 저지를 것인지 예측하는 것이 아니라 범죄발생 가능성이 가장 높은 곳과 시점을 예측하는 것이다.

프레드폴과 같은 스마트 경찰활동은 세계적인 추세이다. 미국에 이어 유럽에서도 활발하게 도입되고 있다. 영국 켄트주는 미국 프레드폴을 도입했고, 독일은 패턴기반예측기술연구소(Institut für musterbasierte Prognosetechnik)가 '프리콥스'라는 범죄예측소프트웨어를 자체 개발해 2015년부터 독일의 뮌헨, 뉘른베르크, 쾰른, 스위스의 취리히, 바젤에서 시험사용을 시작했다.[1] 프랑스에서는 2015년 범정부차원의 공공데이터 개방과 공유정책(Etalab)의 일환으로 예측 치안(la police prédictive)이 공식적으로 추진되었다.

예측 치안의 핵심은 빅데이터의 활용에 있다. 오늘날 빅데이터는 크기의 방대함 뿐만 아니라 그 종류와 형식의 다양성이 과거와 현저히 다르다. 또한, 데이터의 생성과 소비가 매우 빨라 기존의 데이터 처리방식으로는 관리 및 분석이 어렵다. 이러한 특성을 가진 빅데이터는 4차산업혁명시대의 자원이자 원동력이 되고 있어 '21세기 원유'로 불린다. 범죄예방을 위해 세계 각국의 경찰들은 21세기 원유 시추작업에 본격적으로 뛰어 든 것이다.

우리 사회는 많은 분야에서 빅데이터를 활용하여 현실에 대한 분석력과 대응력을 높여 미래에 대해 보다 정확하게 예측하려고 노력하고 있다. 빅데이터를 기반으로 한 과학적인 대응으로 보다 나은 미래 사회를 추구하는 노력은 대부분의 국가들에서 보편화되고 있다.

특히, 공공분야에서 빅데이터를 잠재적인 국가 위협요소들을 관리하고, 국가 주요 현안에 대한 예방체계를 수립하기 위한 과학적 도구로써 활용하는 것은 이미 세계적인 추세이다. 프레드폴, 프리콥스 등 빅데이터를 활용한 예측 치안활동은 더욱 확산되고 있는 추세이고, 범죄에 빅데이터 기술을 접목시키는 수준에 그치지 않고 종합적인 경찰활동전략으로 활용되고 있다.

우리나라에서도 첨단정보 기술과 데이터에 기반한 과학적이고 효율적인 치안활동을 전개하기 위해 '한국형 인공지능 기반의 범죄예측시스템' 개발을 추진하고 있다. 이 시스템은 미국 '프레드폴'(PredPol)을 한국의 치안환경 특성에 맞게 구축하는 것으로 딥러닝을 통해 112신고 데이터와 폐쇄회로(CCTV)·가로등·보안등, 건물정보, 인구특성 등 관련 데이터를 분석하여 지역별 범죄 위험도를 예측하는 방식이다. 이후 체포영장이 발부된 피의자의 이동 경로 패턴 분석, 가정폭력 재발 징후 분석, 교통사고 예방을 위한 교통시설물 최적 설치 등 국민 실생활과 밀접한 분석과제를 발굴하여 더욱 확대해 나갈 예정이다.[2]

현재 경찰에서는 110여 개 정보시스템을 운영 중에 있고, 각 기능에서 시스템 단위로 개별적으로 관리하고 있다. 시스템 사용과정에서 다양한 데이터들이 집적되고 있지만 시스템 간 데이터 연계는 극히 제한적으로 이루어져 있다.

경찰의 경우 텍스트기반의 데이터, 영상데이터, 음성데이터 및 실시간 데이터 등 다양한 유형의 방대한 양의 데이터를 보유하고 있다. 대부분의 경찰 데이터가 저장되는 곳은 광주의 정부 통합전산센터이며, 이외에도 경찰청 본청, 각 지방경찰청, 도로교통공단, 연곡동 등 다양한 저장소에 데이터가 분산되어 있다.

앞으로 경찰에서는 IoT 등 데이터 원천이 폭발적으로 증가하고 사용량이 늘어가면서 사용 후 발생하는 데이터의 양은 엄청난 속도로 증가할 것이다. 새로운 정보통신 장비들이 지속적으로 도입되면서, 웨어러블 장비, 순찰차의 GPS 정보, CCTV 영상데이터, 112 음성 데이터 등 대용량 데이터들이 급격히 증가할 것이고, 보관기간이 늘어나면서 축적량도 기하급수적으로 증가할 것이다.

이와 같은 다양하고 유용한 데이터를 융합하여 활용하기 위해서는 치안 활동과 관련된 빅데이터를 모두 통합해 관리하기 위한 '빅데이터 통합 플랫폼' 구축이 필요하다. 경찰청에서는 이미 경찰청 차장을 단장으로 '스마트 치안 구현단'을 발족하여 스마트 치안전략을 총괄하는 관제탑 역할을 수행토록 하였다. 앞으로 우리 경찰은 '스마트 치안 구현단'을 중심으로 경찰이 보유한 데이터와 첨단기술 연구·개발 사업을 종합적으로 관리하면서 스마트 치안 서비스로 변화하는 환경에 적극적으로 대응할 것이다.

경찰 '제4차 산업혁명 시대'에 진입하다

경기도에 사는 A양은 매일 저녁 퇴근길 버스정류장에서 집까지 걸어가는 주택가 골목이 늘 불안하다. 낯선 사람이 뒤에서 걸어오면 불안감에 심장이 두근거리고 앞에서 마주 오는 남자가 있으면 스쳐지나갈 때까지 가슴을 졸이곤 한다. 그러던 중 얼마 전 시청 홈페이지에서 알게 된 스마트폰 애플리케이션 '안전귀가 서비스'를 활용하면서부터는 귀갓길에 혼자가 아닌 든든한 동행이 함께하는 듯 마음이 편하다. 앱을 설치하고 귀갓길에 실행하면 U통합상황실에서 위치정보시스템(GPS)으로 A양의 위치를 파악하고, CCTV 영상을 통해 이동경로를 따라가며 실시간으로 안전을 지켜주게 된다. 그리고 위급상황이 발생해서 A양이 스마트폰을 빠르게 흔들면 상황실에 경보음이 울려 인근 경찰이 긴급 출동하도록 되어 있다.

주머니속 보디가드라 할 '스마트폰 안전귀가 서비스'는 늦은 밤길 여성들의 안전한 귀가를 돕고자 지난 2014년 안양시가 전국 최초로 자체개발한 앱

서비스다. 스마트폰에서 안전귀가 앱을 내려 받아 실행하면 사용자의 현재 위치가 CCTV관제센터로 자동 전송되고, 범죄 등의 위급상황이 발생할 경우 관제센터(u-통합상황실)의 CCTV를 모니터링하고 있는 경찰관에게 긴급출동을 요청하는 시스템이다.

그 동안은 관할 CCTV통제권역을 벗어나게 되면 서비스 제공이 불가능했지만 최근에는 각 지자체의 CCTV를 관리하는 관제센터 간 GPS를 공유하고, 실시간으로 통일된 보호시스템을 운영하면서 보다 많은 지역주민들이 안전귀가 서비스를 받게 됐다.

봄 행락철 차량 통행량이 많은 고속도로 위로 '칼치기'를 하면서 앞지르기를 하는 차량이 있다. 주변 차량 운전자들은 갑자기 끼어든 차량에 놀라 경적을 울리고 사고로 이어지지 않은 것에 안도의 숨을 내쉰다. 주위에 단속하는 경찰차가 없는 것을 아쉬워하던 다른 운전자들은 얼마 지나지 않아 고속도로 갓길에서 경찰에게 제지되어 단속을 당한 그 운전자를 볼 수 있었다. 행락철을 맞아 경찰에서 드론을 활용하여 특별단속을 실시하고 있었고, 30미터 상공에서 위반 차량을 촬영하여 전방에 있던 순찰차가 현장에서 적발했던 것이다.

지난 2019년 7월 충북 청주에서 14살 조모 양이 가족과 함께 산책을 하다가 혼자 하산하던 중 실종된 사건이 있었다. 언론 보도를 통해 전 국민이 마음을 졸이며 경찰과 소방의 대응을 지켜보았다. 경찰과 소방에서는 드론을 투입하여 넓은 산악 지형을 수색하였고, 야간에는 열화상 장치를 장착한 드론으로 실종자의 위치를 찾으려 노력하였다. 다행히도 조모 양은 실종 열흘만에 수색대에 발견되어 무사히 가족의 품으로 돌아갔다. 연일 보도되는 사건 소식에 온 국민들은 TV를 통해 드론이 주야간으로 실종자 수색에 활용되는 것을 볼 수 있었다.

4차산업혁명의 아이콘처럼 여겨지는 드론이 다양한 경찰활동 분야에 활용되고 있다. 앞으로 드론은 범죄의 예방·수사 등 경찰의 치안활동에서 중요한 임무를 수행할 것이다. 경찰의 시야를 넓혀주고, 실종자 수색·교통사고현장 확인 등 다양한 상황에서 효율적인 경찰활동이 가능하게 할 것이다.

강원도 원주시에 사는 30대 중반 A씨는 성폭력 범죄로 수감생활을 마친 후 전자발찌를 착용하고 있는 성범죄 전과자이다. 발목에 전자발찌를 착용한 상태로 외출을 하고, 집안에는 재택감독장치가 설치되어 있어 법무부 위치추적 중앙관제센터에서 A씨의 귀가나 재택 여부를 파악할 수 있다.

A씨는 어느 날 집에서 혼자 술을 마시다가 같은 건물에 사는 이웃집 여성의 집에 침입해 성폭행을 하려고 마음을 먹었다. 어떻게 해야 할까 술을 마시며 혼자 궁리를 하는 와중에 법무무 위취추적 중앙관제센터 보호관찰관이

전화를 했다. 깜짝 놀란 A씨는 전화를 받고, 집에서 무엇을 하고 있는지 …… 내일 면담을 할 수 있는지 묻는 보호관찰관의 물음에 죄를 짓고 들킨 것처럼 가슴이 두근거렸다. 다음날 면담이 진행되었고 A씨는 재범을 계획했던 것을 뉘우치고 부모님을 생각해서라도 전자발찌에서 빨리 해방되도록 성실히 보호관찰 기간을 보내야겠다는 다짐을 했다.

    A씨에게 보호관찰관이 전화를 할 수 있었던 것은 법무부에서 도입한 '범죄징후 예측시스템' 덕분이다. '범죄징후 예측시스템'은 성폭력 전자발찌 대상자의 재범에 영향을 미치는 요인들(과거 범죄수법, 이동경로, 정서 상태, 생활환경 변화 등)을 종합 분석해서 이상 징후가 있을 경우 이를 탐지하여 보호관찰관에게 알려주는 시스템이다. A씨의 이야기는 지난 2017년 9월 원주에서 30대 남성이 전자발찌를 착용한 상태에서 이웃집 여성을 성폭행한 뒤 이를 끊고 달아난 사건을 재구성한 것이다. 당시 A씨가 착용했던 전자발찌는 위치추적만 가능한 시스템이라 같은 건물에 있는 피해자 집에 침입하여 범행을 저지를 때에도 관제센터에서는 A씨가 자택에 있는 것으로 파악하고 있었다. '범죄징후 예측시스템'이 2년 먼저 도입되었다면 재구성된 이야기처럼 재범을 예방할 수 있지 않았을까?

    '범죄징후 예측시스템'은 기존에 산재되어 있던 비정형 데이터(부착명령 청구전조사서, 판결문, 이동경로 정보, 보호관찰 일일감독소견 등)를 최신 정보수집기법 등을 활용하여 컴퓨터가 인식할 수 있는 정형 데이터(인적정보, 범죄정보, 생활정보, 위치정보 등)로 자동 추출하여 변환할 수 있는 기능을 탑재하였다. 추출된 모든 정보는 빅데이터 분석기법 등을 통해 자동으로 종합 분석되며, 재범으로 이어질 수 있는 이상 징후(정상 이동패턴 이탈, 실직, 생활고, 이별, 질병, 과음 등 급격한 생활여건 변화)가 있을 경우 이를 상시적으로 탐지하여 보호관찰관에게 제공한다. 보호관찰관은 시스템 분석결과를 참조하여 피부착자에게 이상징후가 있을 경우 집중 지도감독을 통해 선제적 대응으로 재범을 사전에 차단할 수 있다.[3]

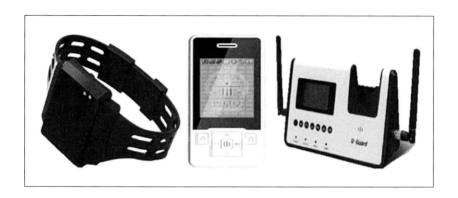

2016년 초 국내에서 방영된 드라마 시그널은 장기 미제사건을 파헤치는 형사들의 이야기이다. 경기남부 연쇄살인 사건을 수사 중인 주인공 차수현 형사는 20여 년 전 연쇄살인 사건의 피해자 유가족들을 만나서 피해자들에 대한 재조사를 하는 과정에서 피해자들이 연령, 직업, 거주지 등이 모두 달랐는데 딱 한 가지 공통점이 있다는 것을 발견한다. 그것은 피해자들이 모두 버스를 타고 돌아오다가 살해당했다는 점이다.

차수현 형사는 1차부터 9차까지 연쇄살인 피해자들이 발견된 장소를 지오프로스(Geopros) 프로그램에 넣어봤다. 그리고는 현재 운행되고 있는 한 버스 노선과 일치한다는 사실을 확인하고 버스회사를 통해 그 노선이 26년 전에도 운행이 되었다는 것을 알아낸다. 결국 경기남부 연쇄살인 사건 진범은 버스 운전기사의 아들로 밝혀진다.

드라마 속에서 사용된 지오프로스(Geopros) 프로그램은 경찰청이 2009년 개발한 '한국형 범죄예측 시스템'이다. 지오프로스는 GIS(Geographical Information System)에 경찰이 보유하고 있는 여러 범죄 데이터(KICS, CRIFISS, SCAS 등)를 결합하여 예방과 수사에 활용하기 위해 만들어졌다. 과거 단순히 사건발생 위치만을 표시해주었던 2차원적 범죄지도와 달리 지오프로스는 위치 데이터에 공간 통계기법 및 각종 분석기법을 적용하여 보다 정확하고 세분화된 정보를 분석해주는 3차원적 범죄지도라고 할 수 있다.[4]

새로운 경찰 패러다임, 스마트 폴리싱(Smart Policing)

스마트폰 앱, 드론, 지능형 장비, 지오프로스 등 범죄를 예방하고 대응하는 새로운 장비와 기술들을 '스마트'라는 이름으로 지칭한다. 최근 유행처럼 쓰이는 용어 중 하나가 바로 '스마트'(Smart)이다. '스마트'는 기능화(instumented)되고, 서로 연결(interconnected)되며, 지능화(intelligent)되어 똑똑하게 변화하는 것을 의미한다.

'스마트 경찰활동'(Smart Policing)은 기존 경찰활동에 과학기술을 융합하여 범죄를 예방하고 치안문제를 해결하는 새로운 경찰활동전략을 의미한다. 스마트 경찰활동 또는 스마트 치안은 2009년 미국 법무부의 '스마트 치안 이니셔티브'(SMART Policing Initiative: SPI) 지원프로그램의 시행으로부터 본격적으로 시작되었다. 여기서 'SMART'는 'Strategic management'(전략적 관리),

'Analysis & Research'(분석 및 연구), 'Technology'(기술)의 약자다.5) 즉, 스마트 경찰활동이란 전략적 관리, 분석 및 연구 그리고 과학기술기반의 경찰활동을 통해 공공의 안녕과 질서를 유지하려는 새로운 치안 패러다임이다.

스마트 경찰활동(Smart Policing)은 한 순간 나타난 것이 아니라 사회환경 변화에 따라 진화되어온 경찰활동의 현재와 미래이다. 스마트 경찰활동에 영향을 미친 것은 정보기반 경찰활동(Intelligence Led policing), 컴스탯(Compstat) 등 행정일반이론에서 파생된 이론들과 지역사회와의 환류에 중점을 둔 문제중심 경찰활동, 지역사회경찰활동, 깨진유리창이론 등이 있다.6)

이미 경찰은 스마트 치안의 실현을 위해 다양한 노력을 기울이고 있다. 과학기술정보통신부와 협업한 '폴리스랩 사업'이 그 중 하나이다. 폴리스랩에서는 2차 교통사고를 막기 위한 '드론 탑재 순찰차', '버튼으로 작동하는 접이식 초경량 방검 방패', '자동차 블랙박스 영상 제보·분석 시스템' 등 다양한 과제를 선정해 연구를 진행 중에 있다. 그리고 최근 국내 유일의 치안종합 연구기관인 치안정책연구소 내에 '스마트치안지능센터'를 설립했다. 이곳에서는 빅데이터, ICT, 범죄학, 심리학, 경찰학, 행정학, 네트워크 분석, 셉테드 등 다양한 분야의 경찰 내 전문가들이 모여 연구활동을 진행한다. 또한, 각 분야별 시범운영 관서를 지정해 '인물 이동 및 사고 발생 자동 인식 기술' 등 관련 기술 개발에 박차를 가하고 있다.7)

2016년 다보스 포럼에서 최초로 논의한 '제4차 산업혁명'은 이제 우리의 현재가 되고 있다. 이렇게 짧은 시간에 제4차 산업혁명이 우리의 현실이 된 것은 아마도 그 이전부터 4차 산업혁명으로의 변화가 이미 시작되었기 때문이 아닐까? 빅데이터, 자율주행자동차, 인공지능, 로봇공학, 블록체인 등 제4차 산업혁명의 방법론들을 이야기하면서 더 이상 인간이 필요치 않는 시대가 오는 것은 아닌지 불안해하는 사람들이 있다. 그러나 이미 시작된 제4차 산업혁명의 흐름 속에서 변화에 적응하며 새로운 산업영역, 서비스, 교육 등이 생겨나면서 인간은 더욱 굳건히 자리를 지키고 있다. 변화에 저항하며 새로운 세상에 적응하지 못하고 불안해 하는 사람들이 그런 불필요한 인간으로 취급받지 않을까?

제4차 산업혁명 시대에는 모든 것들이 인터넷으로 연결되는 초연결 사회가 된다. 누구나 신속하고 정확한 정보를 얻을 수 있고, 지능정보기술의 발달로 예전에 할 수 없었던 새로운 정보처리가 가능해졌다. 경찰활동분야에서도 지능정보기술은 범죄를 예방하고 국민의 안전을 확보하는 경찰의 대응력의 획기적인 진전을 가져올 것이다. 스마트 경찰활동을 하나의 패러다임이라고 말한다. 경찰업무의 새로운 판을 짜야 할 시기가 다가오고 있다. 아니 이미 다가와서 경찰이 고민을 하고 있다. 불확실하고 고위험의 현대 사회에서 경찰이 고도의 과학적인 예측 치안(Predictive Policing)으로 국민의 신뢰를 받아야 한다. 제4차 산업혁명 시대 영화 속 로보캅이 거리를 활보하더라도 인간경찰이 필요하다. 경찰 스스로 변화에 대한 적응과 혁신을 이룰 때 그 필요성을 모두가 공감할 것이다.

회복적 경찰활동: 피해와 관계의 회복을 통한 건강한 공동체 구현

회복적 경찰활동: 피해와 관계의 회복을 통한 건강한 공동체 구현

2019년 7월 수도권의 한 경찰서 상담실에서 마주 앉은 안모(20) 씨와 고모(40·여) 씨는 눈을 맞추지 않았다. 같은 아파트 아래위층 이웃으로 만난 안 씨와 고 씨는 2년 가까이 이어진 '층간소음 갈등'으로 심신이 피폐해져 있었다. 소음을 참다못한 아래층 안 씨가 6월 위층 고 씨의 현관문에 킥보드를 집어던지자 고 씨는 안 씨를 재물손괴 혐의로 신고했다. 그간 인터폰으로 험한 말만 주고받았던 양측이 처음으로 마주 앉은 것이다.

이 자리는 가해자와 피해자의 대질신문이 아니라 양측의 갈등해소를 위한 '대화 모임'이었다. 층간소음으로 인한 다툼을 여러 차례 수사해본 경찰은 안 씨를 처벌해도 문제가 근본적으로 해결되지 않고 오히려 감정의 골이 더 깊어져 다른 물리적 충돌이 재발할 가능성이 높다고 판단했다. 그래서 안 씨와 고 씨를 설득해 만남의 자리를 만들고 대화 전문기관인 '비폭력평화물결'에 중재를 맡긴 것이다.

안 씨의 어머니가 먼저 입을 열었다. 어릴 적부터 소리에 민감했던 안 씨가 층간소음에 얼마나 괴로워했는지 털어놓았다. 고 씨가 눈물을 흘리며 말을 받았다. 안 씨를 신고한 후 여섯 살 난 딸이 안 씨의 보복행위에 불안해 하여 폐쇄회로(CCTV)까지 설치했다는 얘기였다. 안 씨의 눈에도 물기가 돌았다. 안 씨는 "폭력적인 행동으로 불안을 드려 죄송하다"며 다시는 협박이나 욕설을 하지 않기로 약속했다. 오랜 갈등이 봉합되는 순간이었다.

범죄에 대한 기존의 전통적인 처리방식에 익숙한 일반인에게는 다소 낯설게 보이는 이와 같은 만남은 경찰청이 2019년 4월 말부터 시범운영하고 있는 "회복적 경찰활동"의 일환인 '회복적 대화모임'이다. 가해자를 엄벌에 처하는 것만큼 피해자의 상처를 회복하고 당사자들의 화해를 돕는 게 중요하다는 '회복적 사법'을 처음으로 경찰단계에 도입한 것이다. 경찰청은 이 제도를 10월 말까지 시범실시한 뒤 2020년부터는 점진적으로 전국으로 확대할 방침이다.[1]

응보에서 회복으로의 패러다임의 전환

응보적 정의 vs 회복적 정의

통상 정의(正義)란 '잘못을 바로 잡는 것'으로 이해할 수 있다. 좀더 구체적으로 말하면 잘못을 바로 잡는다는 것은 잘못을 한 사람을 특정하고, 그 잘못에 상응하는 처벌을 부과하는 것이다. 이것은 바로 정의의 여신상 '디케'가 들고 있는 저울과 검(칼)을 통해 상징적으로 보여주는 정의의 개념, 즉 응보적 정의(Retributive justice)에 해당한다. 이와 같은 응보적 정의는 오랫동안 범죄문제에 대한 대응방식으로서만이 아니라 가정, 학교, 조직, 지역사회에서의 다양한 갈등의 전통적인 해결방식으로 확고하게 자리 잡고 있다. 그 결과 응보적 정의 패러다임이 구현해온 정의는 잘못을 한 개인이나 조직에 대한 처벌을 통해 불이익을 주는 것으로 귀결되어 왔다.[2]

응보적 정의가 정의를 추구하는 과정에서 주연으로 등장시킨 것은 잘못을 한 사람인 가해자이지 결코 피해자가 되지 못한다. 이 피해자의 소외현상은 사법체계가 생산해 온 지속적인 문제점이다. 피해자의 트라우마는 처벌을 통해 해소되기 쉽지 않은 또 다른 당사자의 필요이고 결국 더 많은 사회 갈등을 생산하는 근본적 원인이 되어 왔다. 한국 사람들은 작은 일에도 쉽게 분노하고 사소한 일로 소송을 남발한다는 말은 결국 개인과 조직 차원에서 정의가 제대로 느껴지고 경험되지 못한다는 반증일 수밖에 없다. 이런 사회적 현상은 사법 서비스를 받아야 될 국민들이 오히려 소송과정에서 더욱 상대를 공격하는 방식으로 내몰리면서 사법피해를 보는 현상까지 나타나고 있다.3) 이러한 응보적 정의의 폐해를 극복하기 위해 등장한 정의 패러다임이 바로 회복적 정의(Restorative justice)이다.

회복적 정의는 잘못을 한 사람에 대한 처벌과 교정 중심의 응보적 정의를 넘어 책임인정 및 피해회복을 통해 당사자 간의 관계와 공동체의 회복을 추구하는 정의 패러다임을 말한다. 즉, 잘못을 한 사람의 자발적인 책임 인정과 잘못으로 인해 발생한 피해의 회복을 통해 사람들 간의 관계와 공동체가 전반적으로 회복되는 방향을 추구하는 정의 패러다임인 것이다. 이것은 개인이나 집단 간 갈등이 사법이나 법률전문가에 의해서만 다뤄져야 한다는 사회적 고정관점을 깨고 갈등의 당사자와 그들이 속한 공동체가 자율적이고 참여적으로 갈등의 문제를 풀어갈 수 있는 방향으로 전환하는 것이다. 사실 이런 접근은 결코 새로운 것이 아니며, 동서고금을 막론하고 갈등과 분쟁해결을 위한 노력의 일환으로, 다양한 형태와 이름의 회복적 정의가 존재하였다고 할 수 있다.4)

- ■ 응보적 정의 : 잘못에 상응하는 처벌을 통해 가해 및 가해자를 바로 잡는 것
- ■ 회복적 정의 : 자발적 책임인정 및 피해회복 과정을 통해 잘못이 일으킨 피해 및 피해자가 회복되는 것

회복적 정의의 실천분야

회복적 정의 패러다임이 가장 널리 실천되고 있는 분야는 형사사법분야이다. 즉 회복적 정의는 발생한 범죄에 대응한 전략으로서 수사, 공판, 형집행 등과 같은 형사사법절차와 연계해서 주로 활용되어 왔다. 우리나라에서는 형사사법영역에 활용되는 경우 회복적 정의라는 용어보다는 응보적 사법(전통적 형사사법체계)에 대응하여 회복적 사법이라는 용어가 보편적으로 사용되고 있다.

회복적 사법에 대한 단일의 정의는 존재하지 않지만 일반적으로 피해자와 가해자 또는 지역사회 구성원 등 범죄사건 관련자들이 사건 해결과정에 능동적으로 참여하여 피해자 또는 지역사회의 손실을 복구하고 관련 당사자의 재통합을 추구하는 일체의 범죄대응 형식 또는 절차를 의미한다. 가해자의 처벌에 초점을 두는 응보적 사법과 달리 회복적 사법은 범죄로 인해 발생한 범죄피해자의 피해를 실질적·총체적으로 회복하고 범죄로 인해 파괴된 당사자(피해자 및 가해자) 간의 관계 및 지역공동체의 평온을 회복하는데 중점을 둔

[표 1] 응보적 사법과 회복적 사법의 비교

구 분	응보적 사법(전통 형사사법체계)	회복적 사법
범죄를 바라보는 관점	법에 대한 추상적 위반행위	사람 그리고 사람과 사람간의 관계에대한 구체적 해악
초 점	범죄자 (누가 범죄를 저질렀고, 어떤 형벌을 가할 것인가?)	범죄로 영향받은 모든 사람 (누가 피해를 보았고, 어떻게 피해를 회복시킬 것인가?)
절 차	피해자와 범죄자, 국가와 범죄자간의 대결구도에 기초한 공식적·수직적 절차	당사자의 대화 및 화해에 기초한 비공식적·수평적 절차
목 적	행위자의 처벌(응보)과 교정	피해자의 원상회복 가해자의 사회재통합 사회평화의 재건

다. 이러한 회복은 기계적인 법집행을 통해 수동적으로 가해자에게 책임을 묻는 사법절차를 통해서가 아니라 가해자로 하여금 능동적으로 자신의 잘못을 인정하고 이에 상응한 책임을 지도록 하는 자발적이고 비공식적인 대면(만남) 절차를 통해서 이루어진다. 회복적 사법은 당사자 간의 참여·대화를 통해 피해회복·책임인정의 기회를 제공함으로써 응보적 사법의 한계, 즉 가해자의 사회재통합 실패 및 피해자의 소외 문제를 보완하고자 한다.

회복적 사법 프로그램은 참여주체·진행방식에 따라 크게 조정모델, 회합모델(혹은 협의모델) 그리고 서클모델 세 가지로 나눌 수 있다. 주로 소년과 재산범 등 경미범죄 위주로 적용되고 있지만 최근에는 살인·강간 등 중대범죄로 적용범위가 확장되고 있는 추세이며, 수사에서 형집행에 이르기까지 형사절차의 전 단계에 걸쳐 적용되고 있다.

- ■ 조정모델 : 가해자, 피해자, 조정자 참여
- ■ 회합(협의)모델 : 가해자, 피해자, 진행자, 가족구성원, 지역공동체 관계
    자 참여
- ■ 서클모델 : 피해자, 가하자, 진행자, 가족구성원, 지역공동체 관계자 등
    참여

현대적 의미에서의 회복적 사법 프로그램은 1974년 캐나다 온타리오(Ontario) 州 키치너(Kitchner)시 엘마이라(Elmira)에서 소년범죄사건의 선고 이후 단계의 가해자와 피해자 조정의 형태로 최초로 실험(Kitchner experience)된 이후, UN(국제연합)·EU(유럽연합) 등과 같은 국제기구에서의 회복적 사법의 적극적인 활용 권고 등에 힘입어 전 세계적으로 다양한 프로그램들이 개발·적용·발전해오고 있다.

〈Kitchener experience〉

1974년 캐나다 온타리오주 키치너시 엘마이라에 거주하는 18-19세 두 청소년이 술과 마약에 취한 상태에서 새벽 3시부터 5시 사이에 칼 등을 사용하여 타인의 승용차 타이어, 카시트, 냉각기 등 손괴, 가정집 유리창 손괴, 맥주집 창문들 손괴, 교차로 신호등 손괴 등 총 22가정의 재산에 해를 입혔다. 이 사건으로 두 소년은 경찰에 체포되었다.

이 사건과 관련하여 보호관찰관인 마크 얀치(Mark Yantzi)와 사회복지사인 데이브 워스(Dave Worth)는 고든 매코넬(Gordon McConnell) 판사에게 감옥에 수용하는 대신 이들의 통제하에 피해자-가해자 화해를 통해 사건을 종국적으로 해결하자고 제안했다. 그 결과 판사는 보호관찰명령의 일부로서 이를 실행 가능하도록 했다. 판사의 명령 후에 두 소년은 두 사람의 중재하에 각 피해자들을 만나서 사과하고 피해보상방법에 대해 논의하였고, 결과적으로 피해 보상을 위한 총 금액 2,200달러 중 두 사람은 각각 550달러를 피해 보상을 위해 지불했고, 200달러씩의 벌금을 지불하였다. 동시에 두 가해청소년은 18개월의 보호관찰 처분을 받았다. 만일 이 프로그램을 거치지 않았다면 두 소련은 오랜 기간 수형생활을 해야 했을 것이다.

이것은 보호관찰에 토대를 둔 유죄판결 후 형 선고의 대안으로서 최초의 피해자-가해자 화해프로그램이며, 1970년대 이후 이것은 피해자-가해자 조정으로 변경되어 북미, 유럽까지 확대되었다.

비록 외국보다는 늦었지만 한국에서도 2000년대에 접어들면서부터 회복적 사법 혹은 회복적 정의에 대한 관심과 논의가 본격적으로 시작되었다. 회복적 사법 혹은 회복적 정의의 이념을 반영하고 있는 현재의 제도로는 범죄피해자보호법에 규정되어 있는 검찰단계의 형사조정제도와 소년법에 규정을 두고 있는 소년보호사건의 화해권고제도가 범죄에 대응한 제도로 형사사법제도 내에 정착하여 운영되고 있다. 이외에도 회복적 사법 혹은 회복적 정의를 기존 형사사법의 영역에 대응하여 적용하려고 하는 크고 작은 시도들이 이어지고 있다.

회복적 정의 패러다임이 사법분야 다음으로 많이 실천되고 있는 영역은 교육분야이다. 학교 공동체의 특성상 학생들의 갈등문제를 다루는 것은 일상적인 업무일 수밖에 없다. 그간 학교에서는 학칙에 따른 문제학생의 처리가 중심을 이뤄져 왔다. 하지만 1990년대부터 사법영역에서 실천되고 있는 회복적 정의 방식을 도입하기 시작하였다. 기존 전통적 생활지도에서 중요시 여겨왔던 학교 내 규칙의 강요와 처벌 중심의 방식에서 관계와 공동체를 높이는 것을 목표로 피해회복과 자발적 책임을 강조하는 회복적 생활교육이 시도되어 온 것이다. 회복적 생활교육은 회복적 정의실천의 역사가 긴 북미와 유럽, 오세아니아 지역뿐만 아니라 다른 지역에도 확산되고 있는데, 특히 우리나라에서의 확산 속도가 괄목할만하다. 2010년 이후 지역 교육청을 중심으로 회복적 생활교육을 확산하려는 움직임이 커지면서 전국적으로 회복적 생활교육에 대한 관심과 실천이 높아지고 있다. 아직 제도적 뒷받침이나 문화적 인식의 미비로 인해 회복적 생활교육 적용에 한계가 있는 것은 사실이지만, 학교공동체의 안전과 평화로운 갈등해결 문화를 만들어 가는 의미 있는 시도가 일어나고 있다.[5]

사법과 교육분야 이외에 회복적 정의가 실천되고 있는 영역은 회사, 병원, 교회와 같은 조직이나 공동체이다. 사람이 모여 있는 어느 조직이나 작은 사회와 같은 기능이 필요하다. 조직이나 공동체에서는 필연적으로 갈등을 겪게 되고, 예상치 못한 잘못이나 실수로 인해 피해가 발생하고 결국에는 모든 공동체를 어렵게 만드는 일이 발생한다. 이러한 많은 문제를 풀어가기 위해 회복적 정의 패러다임이 소개되고 피해의 회복과 관계의 회복을 목표로 하는 회복적 실천이 조직과 공동체 영역에서도 필요해지기 시작했다. 우리나라에서도 대형병원, 교회, 아파트, NGO, 협동조합 등 다양한 회사, 조직, 공동체에서 회복적 기관을 만들기 위한 실험이 이뤄지고 있고, 사법 영역보다 더 활발히 진행되고 있는 측면이 있다. 또한 사법, 학교, 조직과 공동체를 아우르는 도시 전체의 인프라를 회복적 정의에 기초해 설계하는 회복적 도시(Restorative City) 개념도 국내외적으로 시도되고 있다.[6]

응보적 경찰활동 vs 회복적 경찰활동

처벌과 교정 중심의 응보적 정의(혹은 사법)의 한계로 회복적 정의(사법)
이 탄생한 것과 마찬가지로, 회복적 경찰활동은 경찰강제력을 활용한 범인검
거 중심의 전형적인 경찰활동(응보적 경찰활동)이 갖는 한계, 즉 피해자의 피해
회복 및 문제사안의 근본적 원인 해소에 미흡하다는 반성으로 등장한 경찰활
동의 새로운 패러다임이자 실천방식이라고 할 수 있다.

[표 2] 응보적 경찰활동과 사법과 회복적 경찰활동의 비교

응보적 경찰활동	회복적 경찰활동
△ 즉각적인 사안대응 △ 법집행에 초점	△ 문제원인에 대응 △ 지역안전에 초점
△ 군사문화 △ 위계질서 △ 비난의 문화	△ 개별 책임과 접근 △ 잘못을 인정하고 배움
△ 과거를 바라봄 △ 전통에 의존	△ 이후를 바라봄 △ 혁신을 장려

출처: 경찰청 내부문서, 2019.

회복적 경찰활동이라는 용어는 영국의 태임즈밸리(Thames Valley) 경찰
관서장이었던 멜 로프티(Mel Lofty) 총경에 의해 본격적으로 사용되었는데,
"경찰이 지역사회의 갈등·분쟁 및 형사사건에 대해 회복적 정의(사법)의 원리
와 기술을 활용하여 지역사회와 함께 문제를 해결하는 패러다임 혹은 일체의
실천방식"으로 정의할 수 있다.

회복적 경찰활동은 그동안 범죄와 맞서 시민을 보호하는 수호자의 역할
에서 시민의 생활 속으로 더욱 밀착하여 들어가 공동체의 일환으로 갈등 초기
에 이해관계자와 함께 갈등해결관계에 개입함으로써 피해의 회복과 당사자들
의 관계의 회복을 지향하는 역할의 전환, 즉 경찰활동의 패러다임의 변화를
의미한다. 공동체 안에서 발생한 갈등을 해소하고 틀어진 관계를 회복시키기

위한 다양한 방법이 있으나, 회복적 경찰활동에서 중요한 것은 상호존중과 공감을 위한 대화이다.[7)]

외국에서는 회복적 경찰활동의 일환으로 경찰단계에서 범죄사건에 대하여 조정·회합 등과 같은 다양한 회복적 사법 프로그램을 운영 중이며, 벨기에에서는 경찰이 이웃분쟁 조정 역할도 수행하고 있다.

한국에서의 회복적 경찰활동의 운영방식[8)]

취지와 목적

범죄 또는 갈등이나 분쟁이 발생할 경우 현재의 형사사법절차는 다음과 같이 진행된다.

〈그림 1〉 형사사법절차 흐름

경찰
112 신고·고소 등 접수
↓
가·피해자 조사
↓
검찰 송치
↓

검찰
법원 기소
↓

법원
최종 판결

이 일련의 절차는 경찰·검찰 등 국가 수사기관 및 사법기관과 가해자가 아래 질문에 답하기 위해 다투는 과정이다.

> ▶ 누가 잘못한 사람인가?
> ▶ 어떤 잘못(법위반)을 했는가?
> ▶ 어떻게 처벌할 것인가?

그러나 기존의 형사사법절차에는 가해자뿐 아니라 피해자, 그리고 이와 관련된 사람들이 해당 범죄에 대해 어떻게 생각하고 어떠한 피해를 입었는지, 또한 그 피해를 어떻게 회복해 나갈지 함께 논의하고 해결책을 모색하는 과정이 없다.

이에 반해 회복적 경찰활동은 아래의 질문에 대한 답을 찾기 위해,

> ▶ 누가 피해를 입었는가?
> ▶ 어떤 피해가 발생했는가?
> ▶ 회복을 위해 필요한 것은 무엇인가?

범죄와 각종 갈등·분쟁의 당사자, 관련된 사람들이 함께 자발적인 참여 및 대화와 상호이해를 통해 가해자의 책임이행과 함께 피해자의 피해를 회복하고 공동체 내 훼손된 관계회복을 통해 지역사회의 안전을 추구해나가는 과정이다.

운영절차

회복적 경찰활동은 이해 당사자들이 참여하는 대화모임을 통해, 피해자가 입은 피해와 관계회복을 위해 최선의 해결방안을 모색하며, 모든 과정은 전문적인 교육을 받은 경찰관과 민간 전문가가 안전하고 공정하게 진행하는데, 회복적 대화는 다음과 같은 절차대로 이루어진다.[9]

[표 3] 회복적 경찰활동 운영절차 흐름

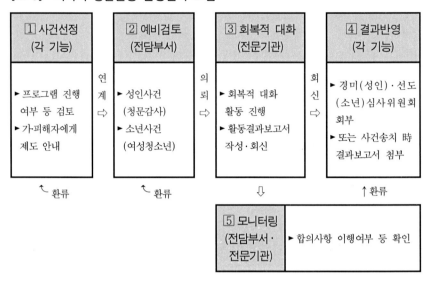

출처 : 경찰청 내부문서, 2019.

　먼저, 범죄사건을 접수한 경찰기능(형사·수사·여성청소년수사·지역경찰 등)에서 사건을 선정하는 과정이 이루어진다. 대상범죄는 가·피해자 간의 대화가 부적절한 사안*을 제외한 모든 범죄이다. 회복적 대화모임으로 해결하는 것이 가능하고 바람직한 경우라고 판단하면 담당경찰관은 가해자, 피해자 또는 이해관계인에게 대화모임 참여의사를 확인하고, 만일 당사자들이 참여를 원하는 경우 회복적 대화 전담 부서로 사건을 연계하게 된다.

　다음으로, 전담 부서와 민간 전문기관이 함께 연계받은 사건기록 등을 검토하여 대화활동 진행 여부를 결정하게 되고, 대화활동을 진행하기로 결정되면 경찰은 전문기관에 대화모임을 의뢰하게 된다.

　경찰로부터 의뢰받은 전문기관은 의뢰받은 사건에 적합한 진행자를 선발하여 진행자, 당사자, 경찰관, 기타 이해관계자가 참여하는 회복적 대화활동을

---

* △국가적·사회적 법익에 관한 죄 △개인적 법익에 관한 죄 中 법감정 및 국민정서상 가·피해자가 만나는 것이 부적절한 강력·성범죄·학대범죄 등.

사건을 접수·의뢰한 경찰관서에서 진행하게 된다. 대화활동은 사전·본모임·사후모임 등 전문기관별 프로그램에 따라 다양하게 진행할 수 있다. 전문기관은 대화활동 종료 후 그 결과를 경찰 전담부서에 통보해야 한다.

> ▶ (사전모임) 가·피해자 각각 접촉하여, 관계 파악 및 의견 청취 등 본모임 준비
> ▶ (본모임) 가·피해자 등 이해당사자가 모두 모여 진행자가 주관하는 대화 등을 통해 상호 의견을 교환하고 사안해결을 위한 합의 방안 등을 논의
> ▶ (사후모임) 필요 時 가·피해자 등 이해당사자가 모여 개선사항 최종논의

전문기관으로부터 대화활동 결과를 통보받은 경찰 전담부서에서는 대화결과를 최초 사건을 연계한 수사부서에 회신을 하게 된다. 회신을 받은 수사부서에서는 활동결과와 불법경중 등을 고려하여 감경사안(훈방·즉결심판 청구)로 판단되는 경우에는 자체 종결절차(성인의 경우 경미범죄심사위원회, 소년의 경우 선도심사위원회)에 회부하고 송치사안인 경우에는 회복적 대화활동 결과보고서를 수사서류에 첨부하여 검찰·법원에 송치하게 된다.

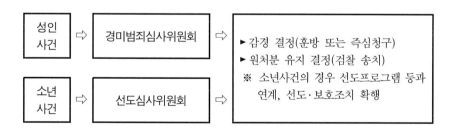

마지막 절차는 모니터링 단계로서 회복적 대화활동 종료 후 전담경찰관 및 해당 사건의 진행자 간의 협의를 통해 모니터링 기간을 설정하여 이해당사자를 대상으로 합의(협의)사항 이행 여부 등을 확인한다. 경찰은 피해자의 피해회복 중심으로 확인하고 필요시 피해자 지원제도를 연계한다. 전문기관은 이해당사자 간 관계회복을 중심으로 확인하게 된다. 모니터링 기간 중 이해당

사자 간 관계악화·보복우려 등 특이사항 확인시에는 경찰 — 전문기관 협의를 통해 대화활동 재진행 여부 등을 결정할 수도 있다. 특이사항이 없을 시에는 해당 사건은 최종 종결되게 된다.

효과

회복적 대화모임이 완료되면 대화활동에서 논의되고 합의된 해결방안은 별도의 기록(결과보고서)을 통해 수사관의 확인과 위원회(경미범죄심사위원회·선도심사위원회 등) 의결과정을 거쳐 경미한 사건의 경우에는 경찰서장의 권한으로 훈방 또는 즉결심판 청구될 수 있으며, 검찰에 사건을 송치하는 경우에도 기록이 수사서류에 첨부되어 검찰과 법원단계에서 형량 등에 반영될 수 있도록 한다.

> ■ 훈방 : 가벼운 죄를 범한 사람에 대해 경고 조치하고 처벌을 하지 않는 것
> ■ 즉결심판 : 정식 소송절차를 거치지 않고 경찰서장의 청구로 판사가 벌금·구류 등을 선고하는 것

회복적 경찰활동의 전망

시범운영 경과 및 성과

경찰청에서는 2019년 4월 30일부터 같은 해 10월 31일까지 6개월 간 서울·인천·경기남부·경기북부 지방청 소속 15개 경찰서에서 회복적 경찰활동을 시범운영한 바 있다. 15개 경찰서를 4개 권역으로 구분하여 4개 전문기관이 한 권역씩을 담당하여 대화모임을 전담 진행하였다.

[표 2] 회복적 경찰활동 시범운영 관서

구 분 (담당 전문기관)	시범운영 관서
1권역 (갈등해결과대화)	▶ 서울 혜화·성동·구로서, 경기남부 부천원미서
2권역 (비폭력평화물결)	▶ 서울 용산·은평서, 인천 계양서, 경기북부 고양서
3권역 (한국비폭력대화센터)	▶ 서울 중부·금천서, 경기북부 일산동부서
4권역 (한국평화교육훈련원)	▶ 경기남부 광주서, 경기북부 남양주·동두천·구리서

출처 : 경찰청 내부문서, 2019.

　　2019년 12월 3일 기준으로 시범운영 기간 동안 총 90건의 대화모임 요청이 접수되었고 이 중 72건은 완료되었으며 18건은 진행 중에 있다. 사건유형은 학교폭력(29건)이 가장 많았고 가정폭력, 아동학대, 폭행, 협박, 절도 등 다양한 사건에서 대화모임이 진행되었으며, 당사자 간 관계성이 있는 경우가 81%로 다수를 차지했다. 완료된 72건 중 66건이 상호 간의 화해나 피해변상 등의 형태로 대화모임이 종료되어 91.7%의 성공률을 나타냈다. 또한, 대화모임에 참여한 피해자, 가해자, 담당경찰관, 진행자 모두 대화모임에 대한 높은 만족감을 표시했다.[10]

　　회복적 경찰활동은 가족 혹은 친족 간의 범죄 및 여타 갈등을 해결하는 데 매우 효과적이었다. 홀로 80대 노모를 부양하다 경제적 어려움에 지쳐 번개탄으로 동반자살를 시도한 50대 여성이 검거되었다. 노모에게는 세 남매가 있었지만 막내딸인 A(53세)씨만 부양의무를 떠안다 생긴 비극이었다. 별다른 조치없이 존속살인미수 혐의로 검찰에 송치될 사건이었지만 회복적 대화모임이 적용되었다. A씨 남매도 7시간 가량 이어진 사전대화와 본모임을 통해 서로에게 가졌던 죄책감과 원망을 털어놓았다. 모두에게 각자 사정이 있었다. 첫째 자식은 사고로 다친 가족을 부양하고 있었고 둘째는 기초수급자였다. A씨는 담당경찰관에게 "가정사를 드러낸 것 같아 부끄럽지만 오랜 갈등이 풀렸다"며 고마움을 전했다. 세 남매는 부양비용을 공평하게 나누자며 합의서를 썼다. 경찰은 이들의 대화와 조정 내용을 사건기록에 첨부해 검찰에 송치했다.[11]

회복적 대화모임은 학교폭력에 적용했을 때 역시 그 효과가 컸다. 후배가 선배를 폭행한 이후 선배들의 보복성 집단 폭행으로 이어진 사건에서도 회복 절차가 적용됐다. 선배에게 낙인찍힌 후배도, 후배에게 얻어맞은 선배도 학교생활이 불가능한 상황이었다. 해당 사건을 맡은 학교전담경찰관(SPO)은 "학교폭력위원회에서는 징계 논의만이 이뤄진다"면서 "당시 한쪽의 피해가 훨씬 더 컸음에도 서로 징계 수준이 비슷하게 나와 양쪽 부모들 사이 감정의 골도 깊었다"고 전했다. SPO의 제안으로 4시간에 걸친 대화 끝에 서로 진심으로 사과했다. 부모들 역시 몇 차례 의견을 주고받은 끝에 사과했고, 합의금을 조정했다. 해당 사건은 상호 화해로 종결됐다.[12]

회복적 대화모임은 또한 이웃 간의 갈등을 해소하는데에도 효과가 있었다. 서울 성동구의 한 편의점에서 팩소주를 훔쳐 가곤 했던 이웃 장모(49) 씨를 고민 끝에 신고한 점주 신모(51·여) 씨가 그랬다. 대화 모임을 통해 장 씨로부터 진심 어린 사과를 받은 신 씨는 "관계가 껄끄러워질까 봐 걱정했는데 다행"이라며 안도했다.[13]

회복적 대화 모임이 특히 빛나는 건 가해자가 10~13세 촉법소년이라서 형사책임을 물을 수 없을 때다. 지난달 8일 서울 중부경찰서에선 빌라 현관문 벨을 누르고 도망가는 일을 반복했던 A(14) 군 등 중학생 5명과 피해자 B(63) 씨가 마주 앉았다. 사소한 장난이라고만 생각했던 A 군은 와병 중인 B 씨의 아내가 얼마나 큰 고통을 겪었는지 듣고 눈물로 잘못을 뉘우쳤다.[14]

경찰 내부 반응도 긍정적이다. 한 여성청소년과 경찰관은 "많은 범죄가 사소한 감정싸움에서 시작된다"면서 회복적 경찰활동으로 피·가해자 간 갈등관계를 근본적으로 해소할 기회를 제공해 더 큰 범죄를 예방하는 효과가 있을 것"이라고 말했다.[15]

대화모임의 성공률뿐만 아니라 대화모임에 참석한 대다수의 가·피해자, 이해관계인, 경찰관, 진행자 모두가 절차의 공정성 및 대화모임의 결과에 대해서 매우 높은 만족도를 나타냈다는 점에서 매우 고무적인 결과라고 할 수 있다.

경찰청은 회복적 대화모임을 2020년부터 전국에 점진적으로 확대시행할 예정이다. 시범운영의 성과를 면밀하게 분석·검토하여 회복적 경찰활동의 바람직한 실천모델을 정립하고 향후 제도화를 위한 법제도 정비작업도 병행할 계획이다.

회복적 경찰활동의 미래

앞서 언급한 것처럼 국내에서는 법원단계의 화해권고, 검찰단계의 형사조정 등과 같은 회복적 정의(사법)의 이념을 담고 있는 제도들이 운영중이지만 외국과 달리 가·피해자들 최초로 접촉하는 경찰단계의 회복적 정의(사법) 제도는 존재하지 않는다. 범죄 혹은 갈등·분쟁 발생 초기에 해당하는 경찰단계에서 회복적 정의(사법)이 적용될 필요성 및 그 효과성이 크다는 점을 감안한다면 안타까운 일이다.

이런 상황에서 2019년 경찰청에서 회복적 정의(사법) 이념을 경찰활동에 반영하고자 하는 회복적 경찰활동 추진계획을 수립하고 구체적인 실천방식을 회복적 대화 프로그램 시범운영형태로 시도하고 있는 것은 매우 고무적이라고 할 수 있다. 이는 경찰이 지난 2015년을 "범죄피해자 보호 원년"으로 선언하고 기존의 전사적 경찰의 역할에서, 시민의 보호와 대중적 접근을 통해 서비스 기관으로써의 역할에 충실하고자 하는 목표의 실천과정으로 해석된다.[16] 경찰청에서는 시범운영 성과 및 문제점을 면밀히 분석하여 현장경찰관이 활용할 수 있는 회복적 경찰활동의 바람직한 실천모델을 마련하고 제도화를 위한 기초를 마련할 계획으로 있다.

경찰청에서 추진하고 있는 회복적 경찰활동의 내용에는 단지 범죄발생 후 신속히 피해를 회복하고 재발을 방지하는 것뿐만 아니라 범죄발생 전 갈등과 분쟁을 원만히 해결해 갈등과 분쟁이 범죄로 발전하는 것을 미연에 방지하는 범죄예방까지 포함한다. 이런 의미에서 회복적 경찰활동은 지역사회에서 사람들 간에 발생하는 각종 갈등·분쟁의 근원적인 해결방식으로 효과적으로 기능할 것으로 기대된다.

하지만 한국에서 회복적 경찰활동이 지역사회의 갈등·분쟁의 효과적인 접근방식으로 자리매김하기 위해서는 해결해야 할 과제들도 적지 않다. 우선, 기존의 전형적인 경찰활동에 익숙해져 있는 현장경찰관들의 인식전환이 선결되어야 한다. 즉 회복적 경찰활동은 범죄 및 갈등·분쟁 문제해결과 관련된 경찰활동 전반에 있어 문제를 바라보는 관점 및 대응방식의 근본적·체계적 변혁을 요구한다. 이를 위해서는 교육·훈련을 통해 경찰관들로 하여금 회복적 정의(사법)과 회복적 경찰활동의 취지 및 필요성에 대한 정확한 이해가 이루어져야 한다. 그렇지 않다면 현장경찰관들의 저항 혹은 회의라는 문제에 부딪히게 될 것이다. 다음으로 해결해야 할 과제는 바로 회복적 경찰활동의 법제화이다. 즉 형사소송법, 경찰관직무집행법, 소년법 등에 회복적 경찰활동을 위한 재량권 행사의 근거 조항을 마련해야만 한다. 그 이외에도 회복적 경찰활동 전담 인력 및 예산 확보 등 해결해야 할 과제가 산적해 있다.

이러한 과제들의 해결을 통해 피해 및 관계의 회복을 통한 건강한 공동체 구축을 목표로 하는 회복적 경찰활동이 성공적으로 안착됨으로써 공동체의 안정과 평화가 이루어지고 국민들로부터 더욱 큰 신뢰와 사랑을 받는 경찰로 거듭나기를 바란다.

각장의 미주

예멘인이 몰려온다

1) 'Reality Check: Are migrants driving crime in Germany?', BBC News, 2018.9.13. (https://www.bbc.com/news/world−europe−45419466).

2) 'Murder of young boy in Frankfurt prompts debate on immigrant crime statistics', Info Migrants, 2019.7.31.(https://www.infomigrants.net/en/post/ 18506/murder−of−young−boy−in−frankfurt−prompts−debate− on−immigrant−crime−statistics).

3) 범죄통계의 연령구간은 51세에서 55세이고 인구통계의 연령구간은 50세에서 54세이다. 연령구간의 불일치 문제를 해결하기 위해 51세에서 55세 연령구간의 범죄발생건수를 5등분 한 뒤 1/5를 차감하고 범죄율을 계산하였다.

4) 폭력범죄에는 상해, 폭행, 협박, 공갈, 약취유인, 체포감금 등이 포함되고 강력범죄에는 살인(미수 포함), 강도, 강간, 강제추행 등 성폭력, 그리고 방화 등이 포함된다.

5) '외국인 범죄에 떠는 국민들 … 안전한 사회 만든다던 정부는?' − 조선비즈 (2016.12.9)

6) '원주서 외국인 노동자가 함께 살던 동료 2명 살해' − 연합뉴스(2019.8.24)

7) 'PC방 살인범 중국동포 아니다. … '제노포비아' 위험수위, 뉴시스, 2018.10. 21(http://www.newsis.com/view/?id=NISX20181021_0000448876).

8) Blalock, M. H. (1967). Towards a theory of minority group relations. New York: Capricorn Books.

9) Tajfel, H., & Wikes, A. L. (1963). Classification and quantitative judgement. British Journal of Psychology, 54, 101−114.

10) Anti−Semitic Crime Rises in Germany, and Far Right Is Blamed, The New York Times, 2019.5.14.(https://www.nytimes.com/2019/05/14/world/ europe/anti−semitic−crime−germany.html).

11) A German Politician's Assassination Prompts New Fears About Far−Right Violence, 2019.7.1 (https://www.npr.org/2019/07/01/737561640/a−german−

politicians−assassination−prompts−new−fears−about−far−right−viol
ence).

12) Kauppinen, A.(2015). Hate and punishment, Journal of Interpersonal
Violence, 30, 10, 1719−1737.

13) 유엔 인종차별철폐위, 한국에 포괄적 인종차별금지법 제정 권고, YTN, 2018.
12.14(https://www.ytn.co.kr/_ln/0104_201812142258429488).

14) 양창렬 외 (2007). 공존의 기술: 방리유, 프랑스 공화주의의 이면, 그린비.

성폭력의 그림자, #미투 운동, 그리고 정반합

1) Ferraro, K. F. (1996) Women's fear of victimization: Shadow of sexual
assault?, 「Social Forces」 75(2): 667−690.

2) 장민경·심희섭 (2018) 여성의 범죄두려움: 성폭력 그림자 가설을 중심으로,
「예술인문사회융합멀티미디어논문지」 8(10): 703−712.

3) "마음을 나누는 셰어링과 미투 운동의 긍정적인 효과", <메디컬리포트>,
2018.03.07.

4) 송민수 (2018) 직장 내 성희롱은 왜 발생하는가? 그리고 피해자들은 어떤 어려
움에 처하는가?, 「노동리뷰」 2018년 3월호: 61−80.

5) 2016년도 「성폭력 안전 실태조사」가 9월말−12월초 사이에 실시되었기 때문에
9월을 기준으로 삼았다. 행정안전부 주민등록 인구통계를 참고했다.

6) 강간, 강제추행, 강간 등, 강간 등 살인/치사, 강간 등 상해/치상, 특수강도강간
등을 합한 수치이다.

7) "성폭력 실태조사 10명중 1명 성추행 피해", <데일리뉴스>, 2017.02.27.

8) 최소 형량을 법으로 정해서 판사가 무조건 최소 형량 이상으로 선고할 수밖에
없도록 만든 제도.

9) 서상희 (2017) 국내 성희롱 연구의 동향과 과제: 국내 주요 학술지를 중심으로,
「한국여성학」 33(2): 281−315.

10) 윤정숙·박미숙 (2016) 「성희롱 실태분석과 형사정책적 대응방안 연구」, 한국형
사정책연구원.

11) 윤정숙·박미숙 (2016) 「성희롱 실태분석과 형사정책적 대응방안 연구」, 한국형
사정책연구원.

12) 세 가지 신체적 성희롱("입맞춤, 포옹 또는 뒤에서 껴안는 등의 신체적 접촉 행위", "가슴·엉덩이 등 특정 신체 부위를 만지는 행위". "안마나 애무를 강요하는 행위")은 실제 신체 접촉이 이루어진 경우 강제추행과 중첩된다(윤정숙·박미숙, 2016: 27).

13) 김애령 (2019) 책임의 연대: '#미투' 이후의 과제, 「여성학연구」 29(1): 139－165.; "우리나라의 페미니즘과 사회변화"에 대한 내용은 대부분 김애령(2019)을 참고했음.

14) 김정희 (2018) 미투(Me Too) 사건을 통해 본 사회적 건강에 대한 담론적 고찰: 국내 미투 보도 6개월간의 기록을 중심으로, 「보건과 사회과학」 49: 5－39.

15) 공식 통계 ＝ 20,743건, 피해조사 통계 ＝ 282,245건

16) 성희롱도 마찬가지로 2010년도 1.4%에서 2013년도 0.9%, 2016년도 0.5%로 상당히 감소했다.

마약은 신의 선물인가

1) 이인영. (2014). 마약류 범죄에 대한 형사법적 대응에 관한 일고찰, 「비교형사법연구」 16(2) 173.

2) 예상균. (2015). 마약수사에서의 통제배달기법 고찰, 「법과 정책」 15(2) 669.

3) 小田晋. (2002). 「宗教と 犯罪」, 青土社, 52－53.

4) 마틴부스. (2004). (오희섭 역). 「아편 그 황홀한 죽음의 기록」, 수막사.

5) 김진환. (2005). 마약류사범 현황과 대책, 「비교형사법연구」 7(2) 243－250.

6) 조석연. (2017). 1970년대 한국의 대마초문제와 정부 대응, 「인문사회」 8(1) 390－395.

7) 東海大学平和戦略国際研究所. (2003). 「ドラッグ－ 新しい脅威と人間の安全保障」, 東海大学出版会.

8) 김진환. (2005). 마약류사범 현황과 대책, 「비교형사법연구」 7(2) 243－250.

9) 아라티·바바소리·빌레르뷔. (2010). 「범죄심리」, 배영미 옮김, 131－134.

10) 박용철. (2013). 마약류범죄의 처벌에 대한 소고－연성마약을 중심으로, 「비교형사법연구」, 15(2) 65－66.

11) 예상균. (2014). 마약 투약사범의 공소사실 특정, 「법과 정책」 14(4) 1968.

12) 이보영·이무선. (2012). 마약범죄 처벌의 정당성, 「법학연구」 47집, 231−234.

13) 남경애. (2018). 「드럭 어딕션」, 한국경제신문 173.

14) 오후. (2018). 「우리는 마약을 모른다」. 동아시아 141−147.

대박, 쪽박 그리고 사이버도박

1) MBC뉴스, "억대 주부 도박단 19명 검거", 앵커 : 조정민, 김은주. 1996.06.22.

2) 중앙일보, "이 후보에 베팅하세요. ⋯ 지방선거까지 상품화한 불법도박", 2018. 6.13.

3) 사행산업통합감독위원회, "2018. 사행산업 관련 통계", 2019.6., 12면.

4) 사행산업통합감독위원회·한국도박문제관리센터, "제3차 불법도박 실태조사", 2016.5., 163면.

5) 사행산업통합감독위원회·한국도박문제관리센터, "제3차 불법도박 실태조사", 2016.5., 29면.

6) 글로벌 시장조사 기업 유로모니터 발표 결과; 서울신문, "DMC미디어, 데이터 기반 이커머스 마케팅 위한 세미나 개최", 2019.8.20.

7) 연합뉴스, "불법 복권·도박·베팅사이트 15곳 첫 적발", 2001.8.31.

8) 홍영오, 최수형, "인터넷 도박의 증가원인과 대처방안에 대한 연구", 한국형사정책연구원, 2011, 10쪽

9) Wood, R. T., & Williams, R. J. (2007). Internet gambling: Past, present, and future. In G. Smith, D. Hodgins, and R. J. Williams (Eds.), Research and measurement issues in gambling studies(pp. 491−515). San Diego, California: Elsever Publishing.

10) SFGATE, "GAMBLING ⋯ GOLD RUSH? / A congressional push last year stopped many Americans from playing the games online, but the law may be changed", July. 2, 2007.

11) 연합뉴스, "인터넷 카지노 게임 사이트 등장", 1996.12.14.

12) 연합뉴스, "<화제> 인터넷 고스톱게임 사이트 등장", 1998.2.6.

13) 김교헌, 권선중, 김세진, "인터넷 도박의 과제와 쟁점", 한국심리학회지: 건강 15(2), 2010: 187−202, 189.

14) 연합뉴스, "검찰, 인터넷 카지노 도박 수사", 1996.10.18.

15) 한국경제, "인터넷도박 사이트 제재", 2000.3.19.

16) 김교헌, 권선중, 김세진. "인터넷 도박의 과제와 쟁점", 한국심리학회지:건강 15(2), 2010: 187−202, 189.

17) 이진국, 아주대학교 산학협력단, "불법도박의 실태조사 및 대책연구", 2008.; 김상식, 고려대학교 산학협력단, "제2차 불법도박 실태조사", 2012.

18) 보도자료, "1조원대 도박사이트 운영조직 검거", 2008.11.18. 충북지방경찰청 사이버수사대

19) SBS 그것이 알고 싶다. 제809회 "김제마늘밭 110억원 미스터리 편", 2011.7. 16. 방송.

20) 스포츠토토 사이트(https://www.sportstoto.co.kr/).

21) 사행산업통합감독위원회, "사행산업현황", 2008~2013.

22) 도박문제관리센터, "2018 청소년 도박문제 실태조사", 2018.12.

23) 국회의원 오영훈 보도자료, "게임물관리위원회 등급분류거부받은 게임방치 온라인 '불법 스포츠도박' 사이트에서 이용, 2016.10.10.

24) 경향신문, "도박 프로그램 대부 '네임드', 경찰수사 비웃듯 여전히 영업중", 2018.10.11.

25) A wealth of common sense, "Trends That May End With The Baby Boomers", July 11, 2019.

26) 임홍택, "90년생이 온다", 웨일북, 2018.

사이버공간 속 나와 다른 그들

1) "[단독]혐오표현 가중처벌 가능해졌다…표현의 자유 침해 우려도", <경향신문>, 2019.05.19.

2) "'애비충 극혐', '한남충 재기해'…온라인 혐오 표현 유죄 인정", <매일경제>, 2018.06.05.

3) "강원산불에 '구운감자', '고기방패'…국가재난 조롱하는 '혐오공화국', <이데일리>, 2019.04.09.

4) "세월호 희생자 어묵 모욕 일베회원 항소심도 실형", <뉴시스>, 2016.12.28.

5) 김지영, 이재일, 2011, "증오범죄의 실태 및 대책에 관한 연구", <한국형사정책연구원>.

6) 김중곤, 2018, "증오범죄에 대한 형사 정책적 대응: 주요쟁점 및 선결과제", 경찰학연구, 2018.18(2), 193−222.

7) 브리태니커 백과사전, https://www.britannica.com/topic/hate−speech

8) Iganski, P. 2001, "Hate crimes hurt more,"American Behavioral Scientist, 45(4), 626−638.

9) Levin, J., & McDevitt, J. 1993. Hate Crimes: The Rising Tide of Bogotry and Bloodshed. New York: Plenum Press.

10) McDevitt, J., Levin, J., & Bennet, S. 2002. "Hate crime offendeers: An expanded typology." Journal of Social Issues, 58(2), 303−317.

11) "Normal rain", 웹사이트(http://blog.daum.net/jeje0/6047522).

12) Allport, G. W., Clark, K., & Pettigrew, T. 1954. The nature of prejudice.

13) 박지원, 2016, "혐오표현의 제재 입법에 관한 소고: 주요국 입법례와 시사점을 중심으로. 미국헌법연구, 27(3), 103−136.

공적 수사의 한계를 뛰어넘다

1) 네이버 국어사전.
2) "사립탐정". <위키백과>.
3) "[ESC] 탐정이 몰려온다". <한겨레>. 2018.9.6.
4) "우리나라의 탐정업 규제, 무엇이 문제이고 해결책인가". <법률신문>. 2018. 3.12.
5) "전직경찰 '사설탐정업' 막는 신용정보법 위헌 헌법소원". <연합뉴스>. 2016. 7.24.
6) "특정인 사생활 등 조사… '탐정업' 금지는 합헌". <법률신문>. 2018.7.10.
7) "특정인 사생활 등 조사… '탐정업' 금지는 합헌". <법률신문>. 2018.7.10.
8) "특정인 사생활 등 조사… '탐정업' 금지는 합헌". <법률신문>. 2018.7.10.
9) "탐정제도의 법제화에 관한 소고". <한양법학, 29(2), 1−27>. 2018.
10) "[ESC] 탐정이 몰려온다". <한겨레>. 2018.9.6.
11) "탐정제도의 법제화에 관한 소고". <한양법학, 29(2), 1−27>. 2018.
12) "탐정제도 이번에는 현실화하나". <시사저널>. 1561호. 2019.9.7.
13) "탐정제도의 법제화에 관한 소고". <한양법학, 29(2), 1−27>. 2018.

14) "탐정제도 이번에는 현실화하나". <시사저널>. 1561호. 2019.9.7.

15) "탐정 합법화에 주력하는 경찰, 국민 72%가 합법화 찬성". <법률신문> 2016. 10.31.

16) "탐정제도의 법제화에 관한 소고". <한양법학, 29(2), 1－27>. 2018.

17) "탐정제도' 이번에는 현실화하나". <시사저널>. 1561호. 2019.9.7.

18) "공인탐정제도 도입 … "경찰 전문성 민간화" VS "제2홍신소 우려". <전북일보>. 2019.8.18.

19) "탐정제도' 이번에는 현실화하나". <시사저널>. 1561호. 2019. 9. 7.; "공인탐정제도 도입 … "경찰 전문성 민간화" VS "제2홍신소 우려". <전북일보>. 2019.8.18.

20) "공인탐정제도 도입 … "경찰 전문성 민간화" VS "제2홍신소 우려". <전북일보>. 2019.8.18.

21) "공인탐정제도 도입 … "경찰 전문성 민간화" VS "제2홍신소 우려". <전북일보>. 2019.8.18.

22) "공인탐정제도 도입 … "경찰 전문성 민간화" VS "제2홍신소 우려". <전북일보>. 2019.8.18.

23) "국내에도 탐정이 …? 홍미진진한 '탐정 비즈니스'의 세계". <인터비즈>. 2018.10.11.

24) "국내에도 탐정이 …? 홍미진진한 '탐정 비즈니스'의 세계". <인터비즈>. 2018.10.11.

25) "국내에도 탐정이 …? 홍미진진한 '탐정 비즈니스'의 세계". <인터비즈>. 2018.10.11.

26) "국내에도 탐정이 …? 홍미진진한 '탐정 비즈니스'의 세계". <인터비즈>. 2018. 10. 11.

27) "국내에도 탐정이 …? 홍미진진한 '탐정 비즈니스'의 세계". <인터비즈>. 2018.10.11.

28) "진짜 탐정의 세계 … 국내 첫 탐정학과 수업 들어보니". <동아사이언스>. 2018.7.10.

29) "진짜 탐정의 세계 … 국내 첫 탐정학과 수업 들어보니". <동아사이언스>. 2018.7.10.

30) "진짜 탐정의 세계 … 국내 첫 탐정학과 수업 들어보니". <동아사이언스>. 2018.7.10.; "[ESC] 탐정이 몰려온다". <한겨레>. 2018.9.6.

31) "진짜 탐정의 세계 … 국내 첫 탐정학과 수업 들어보니". <동아사이언스>.

2018.7.10.

32) "탐정제도의 법제화에 관한 소고". <한양법학, 29(2), 1−27>. 2018.

33) "탐정제도' 이번에는 현실화하나". <시사저널>. 1561호. 2019. 9. 7.

34) "국내에도 탐정이 …? 흥미진진한 '탐정 비즈니스'의 세계". <인터비즈>. 2018.10.11.

35) "탐정제도' 이번에는 현실화하나". <시사저널>. 1561호. 2019.9.7.

36) "'한국판 셜록 홈스' 탐정 합법화 길 열리나". <세계일보>. 2018.7.10.

37) "'4차 산업혁명' 인재 1만명 키운다". <한국일보>. 2018.12.26.

38) "[ESC] 탐정이 몰려온다". <한겨레>. 2018.9.6.

39) "[ESC] 탐정이 몰려온다". <한겨레>. 2018.9.6.

40) "탐정 합법화에 주력하는 경찰, 국민 72%가 합법화 찬성". <법률신문> 2016. 10.31.

41) "탐정제도의 법제화에 관한 소고". <한양법학, 29(2), 1−27>. 2018.

드론, 축복인가, 재앙인가?

1) 구글을 통하여 '드론' 관련 뉴스를 검색한 결과 약 763만건의 보도가 있었다.

2) 이승영·강욱. (2019). 드론 개념의 재정립에 관한 연구. 시큐리티연구, 35−58.

3) 윤광준 (2016). 국내·외 드론 산업 현황 및 활성화 방안. **부동산 포커스, 제95호, 1−14.**

4) Chamayou, G. (2015). Drone theory. Penguin UK.

5) 강욱. (2017). 실종자 수색용 드론 개발 결정에 대한 연구: Kingdon 의 정책흐름모형을 중심으로. 드론특별호, 11−32.

6) 조현진·윤민우. (2016). 무인기 개발과 범죄, 사이버 범죄, 테러 활용 가능성과 대응방안. 한국경호경비학회지, 46, 189−216.

7) 박영철. (2016). 무인항공기(드론)의 법적현안과 해결과제. 지능정보화 법제연구 제3호, 1−47.; Clothier, R. A., Palmer, J. L., Walker, R. A., & Fulton, N. L. (2011). Definition of an airworthiness certification framework for civil unmanned aircraft systems. Safety science, 49(6), 871−885.

8) 권재현. (2018.10.26). 드론은 왜 드론(수벌)으로 불리게 됐을까. 주간동아 제1161호.

9) 강욱. (2017). 실종자 수색용 드론 개발 결정에 대한 연구: Kingdon 의 정책흐름모형을 중심으로. 드론특별호, 11–32.

10) 강욱. (2018). 공공임무용 드론의 사회적 비용·편익 분석에 대한 연구: 실종자 수색용 드론을 중심으로. 한국테러학회보, 11(4), 90–107.

11) 이창우·강욱. (2019). 치안활동 분야별 드론의 활용가능성 분석에 대한 연구: 생활안전 업무를 중심으로. 한국경찰연구, 18(3), 115–138.

12) 김용환·송영수·심현석 (2018). 드론의 역습: 새로운 패러다임의 위협과 안티드론. 국방과 기술, 470, 142–151.

13) 이동혁·강욱. (2019). 안티드론 개념 정립 및 효과적인 대응체계 수립에 관한 연구. 시큐리티 연구, 60, 9–32.

경찰 21세기 원유를 시추하다

1) 마르크 뒤갱, 크리스토프 라베 저/김성희 역, 빅데이터 소사이어티, 부키, 2019년

2) "인공지능·빅데이터 활용, 치안 서비스 수준을 높인다.", 경찰청 브리핑, 2019년 9월 6일.

3) "전자감독 시스템, 성범죄 사전차단 기능 탑재하다."– 법무부, 「범죄징후 예측 시스템」 개발, 2019년 1월 29일 법무부 보도자료.

4) 최대호·이주현·이상경, 한국의 프로파일링, 궁리출판, 2018, 128–129면.

5) 류연수, "스마트치안 국내외 사례와 향후 과제", 행정포커스, 한국행정연구원, 2017년, 17면.

6) 임운식, "스마트 치안과 관련된 해외사례", 수사연구 제8호, 2018년, 35면.

7) 스마트 서울경찰 Blog(https://smartsmpa.tistory.com/4586).

회복적 경찰활동

1) "갈등이 범죄가 되기전에 말로 풀었죠", <동아일보>, 2019.8.8.

2) 김선혜·박성용·박숙영·이재영, "회복적 경찰활동 실천모델(案)", 경찰청 내부자료, 2019, 31–32면.

3) 김선혜·박성용·박숙영·이재영, "회복적 경찰활동 실천모델(案)", 경찰청 내부

자료, 2019, 31−32면.

4) 김선혜 · 박성용 · 박숙영 · 이재영, "회복적 경찰활동 실천모델(案)", 경찰청 내부 자료, 2019, 32면.

5) 김선혜 · 박성용 · 박숙영 · 이재영, "회복적 경찰활동 실천모델(案)", 경찰청 내부 자료, 2019, 33−34면.

6) 김선혜 · 박성용 · 박숙영 · 이재영, "회복적 경찰활동 실천모델(案)", 경찰청 내부 자료, 2019, 35−36면.

7) 김재희, "회복적 경찰활동 실천모델(案)", 경찰청 내부자료, 2019, 9면.

8) 이하 내용은 경찰청에서 대국민 상대로 제작한 회복적 경찰활동 홍보 팜플렛을 기초로 재구성한 것이다.

9) 이하 내용은 경찰청 내부자료, 2019를 발췌 · 요약한 것이다.

10) 심보영, "회복적 경찰활동 추진 및 향후 과제", 제961회 '정책 & 지식' 포럼, 서울대학교 한국정책지식센터, 2019, 12−13면.

11) "노모와 죽으려 한 딸, 처벌 앞서 세 남매 갈등부터 풀었다", <서울신문>, 2019.7.1.

12) "노모와 죽으려 한 딸, 처벌 앞서 세 남매 갈등부터 풀었다", <서울신문>, 2019.7.1.

13) "갈등이 범죄가 되기전에 말로 풀었죠", <동아일보>, 2019.8.8.

14) "갈등이 범죄가 되기전에 말로 풀었죠", <동아일보>, 2019.8.8.

15) "노모와 죽으려 한 딸, 처벌 앞서 세 남매 갈등부터 풀었다", <서울신문>, 2019.7.1.

16) 김재희, "회복적 경찰활동 실천모델(案)", 경찰청 내부자료, 2019, 9면.

공저자

노성훈
경찰대학 행정학과 교수

정진성
순천향대학교 경찰행정학과 교수

이봉한
대전대학교 경찰학과 교수

정대용
충북지방경찰청 사이버수사대장

김중곤
계명대학교 경찰행정학과 교수

박선영
목원대학교 경찰법학과 교수

임형진
백석대학교 경찰학부 교수

강 욱
경찰대학 행정학과 교수

김영식
서원대학교 경찰행정학과 교수

김문귀
호서대학교 법경찰행정학과 교수

폴리스트렌드 2020

초판 발행	2020년 1월 10일
지은이	노성훈 · 정진성 · 이봉한 · 정대용 · 김중곤 · 박선영 · 임형진 · 강 욱 · 김영식 · 김문귀
펴낸이	안종만 · 안상준
편 집	우석진
기획/마케팅	이영조
표지디자인	벤스토리
제 작	우인도 · 고철민
펴낸곳	(주) 박영사
	서울특별시 종로구 새문안로3길 36, 1601
	등록 1959. 3. 11. 제300-1959-1호(倫)
전 화	02)733-6771
f a x	02)736-4818
e-mail	pys@pybook.co.kr
homepage	www.pybook.co.kr
ISBN	979-11-303-0900-2 93350

copyright©노성훈 외, 2020, Printed in Korea

* 잘못된 책은 바꿔드립니다. 본서의 무단복제행위를 금합니다.
* 저자와 협의하여 인지첩부를 생략합니다.

정 가 12,000원